1781

PETRA RESKI

Rita Atria – eine Frau gegen die Mafia

HOFFMANN
UND CAMPE

Lektorat Johannes Thiele

Die Deutsche Bibliothek – CIP-Einheitsaufnahme

Reski, Petra:
Rita Atria – eine Frau gegen die Mafia / Petra Reski.
– 1. Aufl. – Hamburg : Hoffmann und Campe, 1994
ISBN 3-455-08596-2

Umschlag- und Einbandgestaltung:
Lo Breier/Kai Eichenauer
Gesetzt aus der Walbaum-Buch
Satz: Dörlemann-Satz, Lemförde
Druck und Bindung: Clausen & Bosse, Leck
Printed in Germany

Inhalt

Für meine Mutter
und für meinen Vater

Nein, nichts wird dich vor deinen Ängsten schützen können. Nichts wird dich vor einer Welt schützen, die nie deine sein wird.

Rita Atria

Prolog

Als Rita schließlich tat, was sie tun mußte, war Rom eine verlassene Stadt. Es war einer jener trägen Sonntagnachmittage im Juli, vor denen jeder die Flucht ergreift – ans Meer, aufs Land, bloß raus aus der lähmenden Schwüle der Stadt. Die Via Amelia lag wie ausgestorben da, die Bars waren geschlossen, die Rolläden heruntergezogen, nicht mal ein Auto rollte über das Pflaster.

Die Rentnerin aus dem zweiten Stock spülte gerade das Mittagsgeschirr, als sie sah, wie ein Körper an ihrem Küchenfenster vorbeiflog und auf dem Bürgersteig aufprallte. Sie lief auf die Straße und beugte sich über das Mädchen, das noch mit letzter Kraft zu sprechen versuchte. Hilflos massierte sie das Herz, aber da hatte das Mädchen schon das Bewußtsein verloren. Als der Krankenwagen eintraf, atmete sie noch.

Später suchte die Polizei nach Augenzeugen, aber niemand hatte gesehen, wie das Mädchen im rosaroten Schlafanzug aus dem Fenster sprang. Niemand kannte sie hier in der namenlosen Peripherie Roms, niemand wußte, wie lange sie schon in der braunen Mietskaserne der Via Amelia 23 gewohnt hatte.

Zwei Tage später, als nur noch eine Kreidezeichnung auf dem Boden an den Vorfall erinnerte, hatte man das arme Ding, *la poveretta*, schon fast vergessen. Da las man in der Tageszeitung »Republicca« unter der Rubrik »Vermischtes«: »Eine junge Frau, Informantin des Palermitanischen Richters Paolo Borsellino, hat sich am Sonntag nachmittag aus dem siebten Stock eines römischen Mietshauses in den Tod gestürzt. Ersten Meldungen zufolge habe sich die 17jährige Rita Atria aus Verzweiflung über den Tod des Richters umgebracht, der vor genau einer Woche einem Attentat zum Opfer gefallen war. Die 17jährige lebte seit einigen Monaten in Rom, wohin sie gezogen war, nachdem sie und ihre Schwägerin Piera Aiello dem Richter wertvolle Informationen über die Mafia im Belice-Tal geliefert hatte, insbesondere über die Mafia der Gemeinde Partanna.«

Als Journalisten in die Via Amelia kommen, bleiben die Türen verschlossen. Wer weiß schon, wer diese Rita Atria wirklich war? Eine *pentita* (»Reuige«) vielleicht, eine Abtrünnige der Mafia? *Non si sa mai*, man weiß ja nie. Und mit der Mafia will man nichts zu tun haben.

1

Nichts als die Wahrheit

Rita hatte verfügt, an der Seite ihres Bruders Nicola beerdigt zu werden, im Familiengrab der Atria in Partanna. Am 31. Juli, um neun Uhr morgens, kommt der Nußbaumsarg am Friedhof von Partanna an. Es ist ein typisch sizilianischer Friedhof, etwas abseits vom Dorf an einer Haarnadelkurve gelegen. Nur wenige Zypressen geben Schatten, überlebensgroße Marmorengel beugen sich mit Ölzweigen in den Händen über die Toten. Die Gräber sind mit Marmorplatten versiegelt, die meisten weiß, manche Platten sind stumpf, andere blankpoliert. In den Vasen vertrocknen weiße Calla und orangefarbene Lilien. Selbst Plastikblumen verwelken hier, die Sonne saugt das Grün aus den Blättern und das Rot aus den Blüten, bis nur noch gelbliche Stengel in den Töpfen stehen.

Auf den Grabsteinen sind Fotos der Toten auf ovalen Porzellanmedaillons angebracht – die Männer in Anzug und Krawatte, die Frauen im Festtagskleid. Manche lächeln den Betrachter an, andere blicken feierlich-ernst, so als hätten sie gewußt, daß dieses Foto eines Tages ihr Grab schmücken würde. Wer es sich leisten kann, hat sich gar ein Mausoleum bauen lassen, neugotisch vielleicht und aus grauem Granit. Wie sakrale Reihenhäuser fügt sich an der Friedhofsmauer eine pompöse Kapelle neben die andere.

Bis zur Beerdigung am Nachmittag ist Ritas Sarg in der kleinen Leichenhalle aufgebahrt, aber niemand kommt zur Totenwache. Nicht mal eine Trauerfeier in der Kirche ist vorgesehen: Für eine Selbstmörderin gibt es keine Messe – so hatte es der Bischof von Mazara del Vallo bestimmt und seine Entscheidung den Pfarrern von Partanna eilig in einem Telegramm mitgeteilt.

Gegen vier Uhr versammeln sich dennoch die ersten Trauergäste vor der Leichenhalle. Schwarzgekleidete Frauen aus dem Dorf, eine Schulkameradin von Rita, ihre Volksschullehrerin, eine Abgeordnete des sizilianischen Parlaments, einige Neugierige und mindestens dreißig Journalisten aus ganz Italien. Vertreterinnen vom Komitee »Frauen gegen die Mafia« sind da, und auch Palermos »Hungerstreik-Frauen« sind gekommen, die seit dem Attentat an den Richtern Paolo Borsellino und Giovanni Falcone vor Palermos Theater Politeama sitzen und für ihren »Hunger auf Gerechtigkeit« demonstrieren. Partannas Bürgermeister Antonino Passalacqua will die Würde seines Amtes unterstreichen, er trägt die Schärpe mit den Nationalfarben um den Bauch und versucht ansonsten den Journalisten aus dem Weg zu gehen. Von der

Familie sieht man nur Ritas Schwester Annamaria, die mit ihrem Mann aus Mailand angereist ist. Die Reise muß beschwerlich gewesen sein: Annamaria ist im siebten Monat schwanger. Ritas alte Tante Giuseppina ist auch gekommen, sie hält sich etwas abseits und weint laut unter dem Schatten der Zypressen.

Man geht in der stechenden Julisonne auf und ab und wischt sich den Schweiß von der Stirn. Endlich trifft der Pfarrer ein, Don Calògero Russo, und um fünf Uhr setzt sich der Trauerzug in Bewegung. Ritas Sarg ist mit einem Gesteck aus roten Rosen und einer weißen Lilie geschmückt, acht Frauen aus Palermo tragen ihn auf ihren Schultern zum offenen Grab. Ritas Mutter ist zur Beerdigung ihrer Tochter nicht erschienen.

Schwitzend und mit zitternder Stimme liest Don Calògero die Predigt. Als er wieder und wieder den Selbstmord als Sünde brandmarkt, wird es den Frauen zuviel: »Rita hat nicht gesündigt«, schreien sie dem Pfarrer wütend in die Predigt, »Rita hat nur die Wahrheit gesagt.« Ritas Schwester sagt nichts, sie weint nicht, sie schluchzt nicht, sie blickt nur starr auf das Grab. Dann wird der Sarg stehend, wie es in Partanna üblich ist, in das rechteckige Loch eingelassen, die Frauen werfen Blumen hinterher, und Tante Giuseppina weint stumm. Der Friedhofswächter ordnet noch die Schleifen der Kränze. Auf einer Schleife steht »Sappi che non sei sola«, sei gewiß, daß du nicht allein bist.

Rita hat ihre letzte Ruhe gefunden – neben ihrem Bruder Nicola. Auch er starb keines natürlichen Todes, raunt man sich zu: Von der Mafia sei er ermordet worden, vor einem Jahr, weil er die Mörder seines Vaters finden wollte. 27 Jahre war er alt, als er starb. Ein schöner junger Mann mit ebenmäßigen Gesichtszügen und dichten schwarzen Augenbrauen, siegesgewiß lächelt er von dem Porzellanfoto. *Sei sempre vivo nei nostri cuori*, in unseren Herzen lebst du weiter, ist unter seinem Foto in den hellgrauen Marmor eingraviert. Und da, drei Reihen weiter, liegt Ritas Vater begraben: Don Vito nannte man ihn in Partanna. Mit 46 Jahren wurde er erschossen. Seine Frau bestand darauf, ihn in der Gruft ihrer Familie zu begraben, obwohl er doch ein Atria war. Keiner weiß, warum. Das Foto zeigt einen ernsten Mann mit schwarzen, glänzenden Haaren und den gleichen dichten Augenbrauen wie sein Sohn Nicola. Unter seinem Foto steht ein müdes *Il tempo passa, il pensiero rimane*, die Zeit vergeht, die Erinnerung bleibt.

Und dann sind da noch die Toten der Faida, des Kriegs zwischen Partannas Mafiafamilien: die Ingoglia und die Accardos – dreißig Tote hat es in dem Machtkampf zwischen den beiden Familien gegeben, dreißig Tote in nur vier Jahren, dreißig Tote in einem Dorf, das höchstens 9000 Erwachsene zählt. Manche wurden nie gefunden – vielleicht wurden sie in Säure aufgelöst, in Beton gegossen oder liegen noch heute am Grund eines Brunnens –, übliche Methoden, die Leichen verschwinden zu lassen. Als gelte es, einen letzten Triumph über die Gegner in Marmor zu besiegeln, versuchen sich die Gräber mit immer größeren Engeln, ewigen Lichtern und in Bronze gegossenen Leiden Christi zu übertreffen.

Langsam löst sich der Trauerzug auf, die Journalisten – mit Block und Kugelschreiber in der Hand – suchen nach Meinungen. Aber in Partanna hat keiner eine Meinung. »Finden sie es richtig, daß Rita Atria und ihre Schwägerin Piera Aiello mit den Richtern zusammengearbeitet haben?« Einer murmelt »Was wußten sie denn schon, sie waren doch noch Kinder«, aber bei den meisten bleiben die Lippen versiegelt. Schnell verläßt man den Friedhof und die penetrante Journalistenmeute.

Auch der Bürgermeister will nichts anderes als schnell weg, doch die Journalisten bestürmen ihn: »Was ist mit Ihrem Vorgänger, dem Abgeordneten Culicchia, den Rita Atria und Piera Aiello des Mordverdachts und der Maifazugehörigkeit bezichtigt haben?« Blitzschnell spult der Bürgermeister das herunter, was er schon unzählige Male gesagt hat: Ein ehrlicher Mann sei Culicchia, korrekt und anständig, der nur und ausschließlich für das Wohl von Partanna gearbeitet habe. Endlich gelingt es ihm, sich einen Weg zu bahnen – zurück in sein klimatisiertes Büro, weg von den lästigen Fragern. Auf Ritas Grab wird ein kleiner weißer Gedenkstein in Form eines aufgeschlagenen Buches angebracht. Das Porzellanporträt zeigt ein junges Mädchen mit Ponyfransen, dunklen Augen und einem scheuen Lächeln um den Mund. Unter dem Foto steht: *La verità vive*, die Wahrheit lebt.

Nur wenige Tage später ist Ritas Freitod zum »Fall Rita Atria« geworden. »Sie hat die Mafia verraten: Sogar ihre Mutter verweigerte ihr den letzten Gruß« und »Ritas Herausforderung« titeln die Zeitungen. Ganz Italien nimmt Anteil an dem Schicksal des sizilianischen Mädchens und sendet Telegramme, Beileidsbekundungen und Solidaritätserklärungen. Aus Turin schickt jemand eine Postkarte, adressiert an »Rita Atria, Friedhof von Partanna«. Darauf steht: »Rita, du bist vielen eine Mahnung. Wie vielen müden Händen hast du wieder Kraft gegeben! Du wirst immer im Herzen der ehrlichen Italiener weiterleben.«

Totensonntag, vier Monate nach der Beerdigung. An diesem trüben Novembernachmittag macht sich Ritas Mutter auf den Weg zum Friedhof. Unter den Arm hat sie ihre Handtasche gepreßt. Bei dem fliegenden

Händler, der seinen Stand vor dem Friedhofseingang aufgebaut hat, kauft sie noch ein paar Blumen. Sie geht durch die Reihen der Gräber und nähert sich dem ihrer Tochter. Dort beugt sie sich nieder, öffnet ihre Handtasche und holt einen kleinen Hammer hervor. Dann hämmert sie auf Ritas Grabstein ein, sie schlägt in rasender Wut und zertrümmert alles – bis von Ritas Foto und der Inschrift »Die Wahrheit lebt« nur noch Splitter bleiben.

2

Partanna

Kein Fremder bleibt in Partanna unbemerkt. Die weißen Vorhänge aus Lochstickerei werden leicht zur Seite geschoben, Türen einen Spalt breit geöffnet, Jalousien einen Augenblick lang waagerecht gestellt, um zu registrieren, wer da gerade den Corso Vittorio Emanuele entlanggeht. Touristen hat man hier noch nie gesehen – Partanna ist nicht das Sizilien der Hibiskusblüten, nicht das des schweren Jasmindufts, der schreienden Gewürzhändler und der flatternden Wäsche auf der Leine. Partanna ist Beton.

Würfelförmige, zweistöckige Häuser kleben dicht an dicht, sie haben die gleiche Farbe wie die Landschaft, wenn sie im August ausgedörrt ist. Bronzefarbene Aluminiumfensterläden sollen vom Anschluß an die Moderne zeugen, und nicht mal ein Geranientopf tupft etwas Farbe in die sandfarbene Monotonie der Straßenzüge. Manchmal durchbricht die Vergangenheit Partannas glatt verputzte Gegenwart: bröckelnde Barockfassaden, von meterhohen Betonpfeilern gestützt. 1968 zerstörte ein Erdbeben ein Drittel der Häuser im Belice-Tal in der Provinz Agrigent – ganz so, als hätte die Natur der ärmsten Provinz Italiens noch den letzten Stoß versetzen wollen.

Als die Erde in jener Januarnacht bebte, wurden 16 Menschen von den Trümmern begraben, die meisten Häuser waren unbewohnbar, und in Partanna, Montevago und Santa Margherita di Belice zogen die Überlebenden in Wellblechhütten und Container – in der Hoffnung, hier nur den Winter überstehen zu müssen. Aus einem Winter wurden für die meisten mehr als zwanzig Jahre, und das Belice-Tal verkörpert seither für ganz Italien die Macht der Allianz von Mafia und korrupten Politikern: Von der unaussprechlichen Summe von 2600 Milliarden Lire, die die römische Regierung für den Wiederaufbau zur Verfügung gestellt hatte, erreichte nur ein verschwindend kleiner Teil die Bedürftigen. Das große Geld machte die Mafia. Sie übernahm das Baugeschäft, sicherte sich die privaten und öffentlichen Bauaufträge und wurde so zum größten Arbeitgeber im Belice-Tal. Wer Arbeit gibt, der kontrolliert auch Wählerstimmen – das ist heute noch sizilianisches Naturgesetz. Dank der römischen Subventionsmilliarden konnte sich die bäuerliche Mafia des Belice-Tals zum politischen Faktor entwickeln.

Auch heute noch stehen in Partanna, Montevago oder Santa Margherita di Belice Wellblechhütten und Pappcontainer. Wer die 25 Jahre darin in brütender Hitze im Sommer und Eiseskälte im Winter überlebt hat, der glaubt nicht mehr an Gerechtigkeit – außer, man schafft sie sich selbst.

In Partannas Chiesa della Trasfigurazione predigt der Pfarrer himmlische Gerechtigkeit. Von der barocken Pracht hat das Erdbeben nur die äußeren Wände stehengelassen, neben den Tafelbildern an den Seitengängen, den Nebenaltären mit rosa und grünen Marmorsäulen wirkt das Mittelschiff in weiß verputztem Beton steril. Der Beton scheint sogar den üblichen Kirchengeruch aus Weihrauch, Wachs und fauligen Blumen aufzusaugen: Es riecht nach nichts. In die ersten Bänke vor dem Altar, die guten Plätze, sind kleine Messingschildchen eingelassen, in denen die Namen all der ehrenwerten Familien Partannas eingraviert sind, für die die Plätze reserviert sind: Ingoglia steht da und Accardo, Partannas Paten – allesbeherrschende Mafiafamilien, die über das Schicksal des Dorfes entschieden. Bei dem Schild der Ingoglias hat jemand vergeblich versucht, den Namen auszukratzen.

Nur wenige Schritte von der Kirche entfernt steht das normannische Kastell, dessen meterdicke Mauern das Erdbeben nicht erschüttern konnte. Hier beginnt der Corso Vittorio Emanuele, Partannas Lebensader, schnurgerade wie vom Lineal gezogen. Auf dem Corso befindet sich alles, was im Dorf von Wichtigkeit ist: die Kirche, das Parteilokal der Christdemokraten, ein paar Modegeschäfte, Videoverleiher und Cafés. Am Sonntag morgen spazieren die Familien den Corso entlang zur Kirche, die Männer im Anzug und die Frauen mit einem schwarzen Spitzentuch über dem Kopf. Und zu Ostern zieht hier der Prozessionszug entlang, mit Fackeln und einem blutigen Leichnam am Kreuz.

Am oberen Ende des Corsos liegt die Piazza Garibaldi, umrahmt von kleinwüchsigen Pinienbäumen und einem Springbrunnen, aus dem wohl seit Jahrhunderten kein Wasser mehr geflossen ist. Im Schatten der Bäume sitzen die allgegenwärtigen alten Männer auf Marmorbänken, mit weißen Panamahüten oder tief ins Gesicht gezogenen Schirmmützen und blütenweißen Hemden. So wie ihre Väter und ihre Großväter schon dort gesessen haben, sitzen sie da und lachen über die Dorfirre, eine Alte mit Matrosenmütze auf dem Kopf. Mit einem riesigen Ghettoblaster unter dem Arm keift sie die Passanten an.

Wie viele Morde mögen sie wohl schon gesehen haben, diese alten Männer, hier auf der Piazza? Die Polizei suchte stets vergebens nach Zeugen. Ein Schuß? Ja, vielleicht, aber keine Ahnung, woher er kam. Ich hatte keine Brille dabei. Ich las gerade die Zeitung. Ich war dabei, mir die Schnürsenkel zuzubinden. Wenn eine Rechnung beglichen wurde, dann haben selbst die zufällig Verletzten nichts gesehen.

Am Abend gibt die Sonne ihre imposante, aber unbeachtete Darbietung und färbt den Himmel über dem Belice-Tal rosa-violett. Jetzt füllt sich der Platz mit Menschen. Die Piazza Garibaldi ist Partannas Wohnzimmer. Junge Männer in kleinen Grüppchen, mit gelfeuchtem Haar, frischrasiert und picobello, klimpern mit ihren Autoschlüsseln. Gelassen diskutieren sie Zylinderzahlen, als gäbe es nichts Wichtigeres auf der Welt. Wie beiläufig, nur aus den Augenwinkeln, beobachten sie die Mädchen. Die streichen sich ebenso beiläufig die Haare von rechts nach links und kichern über einen besonders entfesselten Verehrer, der mit seiner Enduro Bocksprünge vollführt. Ein Mädchen kommt mit ihrem funkelnagelneuen Rennfahrrad den Corso Vittorio Emanuele herabgefahren, sie trägt ein hautenges, gelbes Trikot, das selbst den Alten den Atem nimmt.

Der allabendliche Treff auf der Piazza ist die einzige Unterhaltung in Partanna. Hier gibt es nicht ein einziges Kino, keine Diskothek, nicht mal ein Restaurant. Nur an Cafés mangelt es nicht, der »Piper Pub« und die »Bar Scalia« sind am Abend zum Bersten voll. Manche könnten es in ihrer Eleganz mit Florenz aufnehmen, die Wände sind mit poliertem rosa Granit verkleidet, der Fußboden mit weißem Carrara-Marmor ausgelegt, an den

Wänden hängen Art-Déco-Lampen und getönte Spiegel, über die der Barmann im Laufe des Tages wohl tausendmal wischt, um auch das kleinste Stäubchen zu beseitigen.

Zwischen den Barockruinen und den eilig hochgezogenen Betonklötzen wirken die luxuriös eingerichteten Bars genauso irrlichternd wie die Jeeps mit riesigen, chromblitzenden Auspuffanlagen und die tomatenroten Motoguzzis, mit denen allabendlich die Parade über den Corso gefahren wird.

Partannas Haupterwerbszweig ist der Wein- und Olivenanbau. Offiziell jedenfalls. Vielleicht hätte es auch nie jemand angezweifelt, wäre es nicht zum Mafiakrieg gekommen.

Jahrelang lief die Zusammenarbeit von Partannas großen Mafiafamilien Ingoglia und Accardos wie ein gut geöltes Geschäft: Man war durch die Subventionsmilliarden reich geworden und begnügte sich schon lange nicht mehr damit, durch Viehdiebstahl Schutzgelder zu erpressen. Aus Bauern und Schafzüchtern wurden Geschäftsleute mit internationalen Kontakten: Filippo Ingoglia zum Beispiel – Chef einer landwirtschaftlichen Kooperative und einer Getränkeexportfirma mit Kunden in ganz Europa. Doch die Accardos waren schon einen Schritt weiter: Das ganz große Geschäft, witterten sie, steckt im Drogenhandel. Warum sollte man nicht die guten Auslandskontakte der Ingoglias nutzen, um statt Getränke Drogen zu exportieren? Die Ingoglias lehnten das Angebot ab. Nicht aus moralischen Gründen. Sie rächten sich für eine Beleidigung: Hatten die Accardos nicht eben noch die Ernennung von Filippo Ingoglia zum Boss des Belice-Tals vereitelt? Also blieben die Ingoglias stur: Keine Drogen nach Partanna. Derart verschmäht, stand die Ehre der Accardos auf dem Spiel. Das bedeutete Krieg.

Es wird auf der Piazza gemordet, am helllichten Tag, in Bars, auf den Straßen und auf den Feldern. Accardos meucheln Ingoglias, und Ingoglias lauern Accardos auf. Manche passen ihre Gegner ab, um sie persönlich niederzustrecken, andere vertrauen auf einen Profi: Die Killer sind billig, 500 Mark kostet ein Mord, und wenn er etwas kompliziert zu erledigen ist, auch 2000. Manche Opfer haben Glück und sterben schnell an einem Präzisionsschuß ins Genick, aus einer Smith&Wesson des Kalibers 38. Andere verbluten, nachdem man ihnen eine Ladung Blei aus der *lupara*, der abgesägten Jagdflinte, in die Genitalien gejagt hat. Oder sie werden erwürgt, die sauberste Tötungsart der Mafia: kein Schuß, kein Blut, keine Spuren. Oder sie werden von Kalaschnikows so vollständig zerfetzt, daß nicht mal die Ehefrau die Leiche ihres Mannes wiedererkennt. Und bei Francesco Accardo geben seine Gegner auch dann noch keine Ruhe, als seine

Leiche schon unter der Marmorplatte auf dem Friedhof von Partanna liegt. Jeder im Dorf flüstert sich die Geschichte hinter vorgehaltener Hand zu: daß man den Sarg bei Nacht und Nebel aus dem Grab holte und verbrannte, so daß nichts mehr von ihm übrigblieb.

Jeden Monat notieren die Carabinieri neue Tote, und wenn nicht mal die Leichen gefunden werden, heißt es nur lapidar: *lupara bianca* – die »weiße Lupara«. Kein Mann geht mehr unbewaffnet aus dem Haus, die Mütter verbieten ihren Kindern, auf den Straßen zu spielen, denn wer in die Schußlinie gerät, hat eben Pech gehabt. Als die alten *capofamiglias* tot sind und kein Boss mehr das Sagen hat, bilden sich im Machtvakuum neue Allianzen, neue Fehden werden ausgetragen, zwischen den Überlebenden entbrennt ein wütender Kampf um die Herrschaft in Partanna. Wer schlau ist, der hat rechtzeitig auf das richtige Pferd gesetzt und sich mit den Accardos verbündet – oder besser: mit denen, die von den Accardos übriggeblieben sind.

Die Drogen haben allemal gesiegt: Überall kursieren die Tütchen mit dem weißen Pulver, in den Bars, auf den Plätzen, und mancher Schafhirte fährt in einem neuen Fiat Croma mit getönten Scheiben den Corso auf und ab. Jetzt sind auch die wenigen Ingoglias, die den Krieg überlebten, nicht mehr abgeneigt: Geschäft ist Geschäft – und wenn du es nicht machst, dann machen es die anderen.

Siziliens Mafia ist in den Dörfern entstanden. Sie braucht zwar die Stadt, um wirtschaftlich expandieren zu können, aber die Stärke der Mafia liegt in dem Schutz, den sie auch heute noch in den kleinen Dörfern genießt. Von verschlafen wirkenden Bergdörfern werden Geschäfte mit der ganzen Welt abgewickelt.

Auch Partannas Mafia expandiert. Der Drogenhandel profitiert von den traditionellen Verbindungen des Dorfes nach Südamerika – vor allem mit Venezuela, wohin manche Familie aus dem Belice-Tal nach dem Erdbeben ausgewandert ist. Das Geschäft ist international, und Bürgermeister Culicchia setzt sich mit einer Selbstverständlichkeit ins Flugzeug nach Caracas, als würde er über die Hügel nach Montevago fahren.

Überhaupt dieser Vincenzino Culicchia. Er hat den Krieg in Partanna so unbeschadet überlebt, wie das normannische Kastell das Erdbeben überstanden hat. Dreißig Jahre regiert er das Dorf. Culicchia hat es weit gebracht: vom Sportlehrer zum Bürgermeister von Partanna und schließlich zum Abgeordneten der Christdemokraten im sizilianischen Parlament. Sogar eine schöne Villa am Meer in Selinunt kann er sich leisten, Zaun an Zaun mit Gerlando Caruana, dem man noch bessere Geschäftsverbindungen nach

Südamerika nachsagt. Dreißig Jahre einer tadellosen Karriere liegen hinter Bürgermeister Culicchia, im Dorf nur »Bürgermeister sì sì« genannt, weil er niemandem etwas abschlagen konnte. Jedenfalls denen nicht, die die richtige Empfehlung hatten. Mafiosi-Witwen zum Beispiel, die stets Arbeit in der Gemeindeverwaltung bekamen. Schließlich mußten sie ja versorgt werden. Nie wäre jemandem in Partanna auch nur ein schlechtes Wort gegen Culicchia über die Lippen gekommen.

Dabei wäre es einmal um ein Haar nichts mit seiner Wiederwahl geworden: Das war 1983, als Stefano Nastasi, sein Parteigenosse, bei der Aufstellung mehr Stimmen als Culicchia auf sich vereinigen konnte. Trotz seines überwältigenden Erfolges hat Nastasi seinen Posten überraschenderweise nicht angetreten. Ein paar Tage später war er tot. Und Culicchia war wieder Bürgermeister.

Alles wäre auch so glatt weitergegangen in Partanna. Man hätte die Rechnungen untereinander beglichen, man hätte sich arrangiert, für den einen oder anderen *favore*, einen Gefallen, den man jemandem tun mußte, wenn die Kinder in der Schule versetzt werden sollten, der älteste Sohn eine Arbeit brauchte oder wenn man endlich die Baugenehmigung für das Haus haben wollte. Und Partannas Oberfläche, die sich so gefährlich gekräuselt hat, hätte sich wieder geglättet.

Ja, so wäre es gewesen, wenn nur diese beiden schrecklichen Mädchen nicht geredet hätten.

Schande haben sie über das Dorf gebracht, Rita und Piera, da ist man sich einig. 55 Anklagen haben sie Partanna eingebrockt, 35 Mafiosi wurden verhaftet, und es regnete Urteile: wegen Mordes, wegen Mafiazugehörigkeit, wegen Drogenhandels. Unglück haben sie über manche Familie gebracht, Mütter beweinen ihre Söhne, die Väter laufen zu den Anwälten – und nicht mal die besten können etwas ausrichten. Nur Bürgermeister Culicchia ist noch nicht verurteilt; er sitzt unter Hausarrest, eine Schande – offiziell angeklagt wegen Mafiazugehörigkeit und Mordverdacht, es ist kaum zu glauben. Denn niemals wurde das Wort »Mafia« in Partanna ausgesprochen.

Auch dem Pfarrer ist das Gerede über die Mafia zuviel. Don Calògero Russo ist der letzte, der mit seiner Meinung hinterm Berg hielte. Wußten die beiden Mädchen denn überhaupt, worüber sie sprachen, als sie den Richtern ihre Aussagen machten? Don Calògero hat da seine Zweifel: »Ich befürworte persönlich und aus meiner Pflicht heraus das Prinzip der Zusammenarbeit mit der Wahrheit und der Justiz – aber nur unter der Bedingung, daß man sicher ist, Beweise für seine Anklagen zu haben –, und sich nicht lediglich auf Hypothesen und Hörensagen verläßt«, schreibt er in einem Gemeindebrief. Und erst die Journalisten! Partanna – die ganze Stadt unter der Pflicht der Omertà, des Schweigens, behaupten sie. Der Pfarrer schäumt. Alles Lügen der sensationsgierigen Schakale. »Partanna hat das nicht verdient«, empört er sich, »haben die Journalisten das Recht, ein solch infames Urteil über eine ganze Stadt zu fällen, nur weil sie jemanden getroffen haben, der vielleicht über etwas nicht sprechen will, für das er keine Beweise hat?«

Auch der neue Bürgermeister, Antonino Passalaqua, sorgt sich um den Ruf Partannas. zwanzig Jahre war er an der Seite von Vincenzino Culicchia stellvertretender Bürgermeister, dreißig Jahre lang sein Parteigenosse. Und so läßt er auf ihn nichts kommen. Culicchia, Mörder und Mafiosi? »Für uns hat er viel erreicht«, sagt er. Partanna – Zentrum des Verbrechens?

»Partanna ist nicht die Mafia-Stadt, zu der sie die Massenmedien machen wollen«, schreibt der Bürgermeister an einen Herrn aus Rimini. »Ich erlaube mir, Ihnen zu versichern, daß Partanna im wesentlichen aus ehrlicher Arbeit besteht. Sicher glauben Sie nicht den Märchen der norditalienischen Presse, derzufolge alle Partanesen (oder alle Sizilianer) Mafiosi sind.«

Der Herr aus Rimini hatte eigentlich ein ganz anderes Anliegen: Er hat an Ritas Mutter einen empörten Brief geschrieben und ihn mit der Bitte um Weiterleitung an den Bürgermeister geschickt.

»Signora Atria«, schreibt er, »der Zeitschrift ›Epoca‹ entnehme ich, daß Sie Ihre Tochter Rita verleugnet haben, anstatt mit Stolz auf sie zu blicken. Sie haben sich damit mit denen solidarisch erklärt, die sich auf unrechte Weise statt mit Anständigkeit ihr Geld verdienen. Auf welcher Seite stehen Sie? Auf der Seite Ihrer Tochter und damit der anständigen Italiener oder auf seiten der Verbrecher? Ich möchte meine Wertschätzung und Hochachtung für das Verhalten Ihrer Tochter ausdrücken. Was Sie betrifft, so kann ich Ihr stillschweigendes Einverständnis mit dem organisierten Verbrechen nur mit tiefer Abscheu verurteilen. Sie haben nicht nur die Überzeugungen vieler Italiener beleidigt, Sie haben darüber hinaus auch noch einen heiligen Ort geschändet – wie können Sie sich auf der Seite der Gerechten wähnen? Sie haben das Andenken Ihrer Tochter mit Schande befleckt, statt ihr Respekt zu zollen – die Gewissensbisse darüber sollten Ihnen keine Ruhe mehr lassen.«

Der Herr aus Rimini hat sich jedoch vergebens die Mühe gemacht, Ritas Mutter ins Gewissen zu reden: Sein Brief wird sie nie erreichen. Partannas Bürgermeister antwortete ihm: »Leider muß ich Ihnen mitteilen, daß ich Ihre ›Ansichten‹ nicht weiterleiten kann.

Ich möchte mich darauf beschränken, auf die Fakten aufmerksam zu machen. Signora Atria ist vom Schicksal hart geprüft worden. Der Verlust der liebsten Angehörigen, zuerst der gewaltsame Tod des Ehemannes, später der des Sohnes. Als ihre jüngste Tochter sich entschließt, mit der Justiz zusammenzuarbeiten, will die Mutter sie auf die Risiken aufmerksam machen. Sie versucht, ihre Tochter von dieser Entscheidung abzubringen – auch indem sie ihr droht, sie nicht mehr sehen zu wollen. Dies muß man verstehen können, wenn nicht gar rechtfertigen. Es ist in der Tat leicht, den mutigen Taten Beifall zu klatschen, wenn es sich um die Kinder der anderen handelt – anders ist es, wenn es sich um die eigenen Kinder handelt. Wahrscheinlich hat Signora Atria mit ihrer Haltung einfach nur gegen ihr Schicksal rebellieren wollen, das für sie sogar den Verlust der Tochter vorgesehen hatte.«

Was alle wollen, ist nur eines: daß wieder Ruhe ins Dorf einkehrt, die Ruhe der geschlossenen Fensterläden. *Meglio stare nel buio*, es ist besser, im Dunkeln zu bleiben, sagen die alten Männer, die wie aufgereiht im Schatten vor den Häusern sitzen, die Hände auf Krückstöcke aufgelehnt.

3

Picciridda

Bei dem Erdbeben hatte die Familie Atria Glück: Außer ein paar Rissen, die schnell wieder verputzt werden konnten, wird ihr Haus nicht beschädigt. Es ist Don Vitos Stolz, dieses Haus in der Via Pergole 24, zwei Schritte vom Corso Vittorio Emanuele entfernt. Zweistöckig ist es, modern, mit einem Balkon im ersten Stock. Im Erdgeschoß eine große Küche und das Wohnzimmer, oben sind die Schlafzimmer. Es sollte an nichts fehlen: Eine Einbauküche wurde angeschafft, mit holzfurnierten Türen und einem chromblitzenden Gasherd. Und ein paar Jahre später wurde das Wohnzimmer neu eingerichtet: mit Marmorfliesen und Blumensofas in Pastellfarben, Nußbaumvitrinen und einem Eßtisch aus Mahagoni.

Das Wohnzimmer ist Giovanna Atrias ganzer Stolz, sie hütet es wie einen Schatz. Penibel aufgeräumt muß es sein, denn schließlich ist es die Visitenkarte der Familie. Auf die pastelligen Blumensofas legt Giovanna Atria immer eine Schondecke, die nur abgenommen wird, wenn Besucher kommen. Sie selbst gestattet es sich nicht, auf dem Sofa zu sitzen, und auch die gestreiften Bezüge der

Eßtischstühle sehen noch nach Jahren aus wie neu. Wenn sie es sich bequem machen will, dann holt sie sich den alten Stuhl mit den gelben Plastikstrippen aus dem Hinterzimmer, legt ein Kissen darauf und schiebt ihn im Wohnzimmer hinter die schräggestellten Jalousien, um das Treiben auf der Straße zu beobachten.

Die Nußbaumvitrinen sind mit Erinnerungsstücken dekoriert: nie benutzte Likörgläser, wie man sie zur Hochzeit bekommt, und gerahmte Familienfotos. Das Hochzeitsfoto der Atria: Ernst und fast unbeteiligt schaut Giovanna Atria den Fotografen an. Steif wie eine Paradekissen-Puppe steckt sie in ihrem Brautkleid, für das ihr Vater sicher seine ganzen Ersparnisse geopfert hat. Giovannas Vater war Schuldiener in Partanna, »Zu' Narduzzo« nannte man ihn. Sicher war er zufrieden mit seinem Schwiegersohn, schließlich war Vito Atria keine schlechte Partie: Ein *uomo d'onore* mit Zukunft, der mit den Mächtigen Partannas auf du und du war, einer, dem schon eine anständige Zahl von Schafen gehörte, einer, der es noch zu etwas bringen würde.

Wie alle anderen Partannesen lebte auch Zu' Narduzzo in friedlicher Symbiose mit der Mafia – gemäß der sizilianischen Maxime *Fatti affari tuoi e campi cent'anni*: Kümmer' dich um deinen Kram, und du wirst hundert Jahre alt. Vito Atria, sein zukünftiger Schwiegersohn, ein Mafioso? Vielleicht. Aber was heißt schon Mafia?

Ritas Mutter war 23, als sie heiratete, lange hat Don Vito nicht um sie werben müssen: Im Mai 1961 lernten sie sich kennen, im Juli waren sie verheiratet. Damals gab es das noch nicht, daß die Mädchen allein ins Café gingen, wie das heute üblich ist. Allerhöchstens ins Kino konnten sie gehen, und selbst das auch nur, wenn ein Bruder den Aufpasser spielte. Und wer bei einem Mädchen einen Blick riskierte oder gar der Schönen den Hof machte, wußte, daß das einem Heiratsantrag gleichkam. Ob sie Don Vito jemals geliebt hat? Giovanna Atria stellt sich die Frage nie. Was heißt schon Liebe?

In nur wenigen Jahren bringt es Don Vito zu Wohlstand: Er kauft Land und vergrößert seinen Viehbestand. Zu den Schafen kommen noch Kühe, Ziegen und Schweine. Sieben Hektar Land gehören ihm, keine Steinwüsten wie manche anderen Grundstücke, sondern fruchtbare Weinberge und Olivenhaine. Sogar ein paar Knechte kann er sich leisten, die ihm bei der Arbeit helfen.

Kurz nach dem Erdbeben macht Giovanna mit Don Vito die erste und einzige Auslandsreise ihres Lebens, drei Wochen zu Verwandten nach New York. Don Vito fährt noch ein paar Mal allein dorthin, und wenn er wiederkommt, bringt er immer Geschenke mit: Spielzeug für die Kinder und ein paar Zehnerpackungen Marlboro, die hütet die Familie wie Kleinode in der Glasvitrine.

So teilnahmslos wie auf dem Hochzeitsfoto blickt Giovanna Atria auch bei Ritas Taufe in die Kamera. Im neuen Popelinemantel, den Kopf mit einem schwarzen Spitzenschleier bedeckt, hält sie ihre Tochter über das Taufbecken. Tiefe Augenringe haben sich in ihr Gesicht gegraben, die aschbraunen Haare sind von grauen Fäden durchzogen, ihr Körper matronenhaft, der Blick stumpf. Bei Ritas Geburt – 1974 – ist ihre Mutter 35 Jahre alt. Sie konnte auch 50 sein oder 60. Eine Frau, die beschlossen hat, daß ihr Leben zu Ende ist, noch bevor es anfing. Zehn Jahre ist der älteste Sohn alt, Nicola. Seine Schwester Annamaria fünf und gerade aus dem Gröbsten raus. Und jetzt das Ganze noch mal von vorn. Nein, glücklich ist Giovanna Atria, geborene Cannova, wirklich nicht.

Rita spürt: Sie ist alles andere als ein Wunschkind. Wäre es nach ihrer Mutter gegangen, dann hätte die jüngste Tochter das Licht der Welt erst gar nicht erblickt. Das erzählt der Vater eines Nachmittags seiner Jüngsten, als Rita noch so klein ist, daß sie an den Klapperstorch glaubt. Nie wird sie ihrer Mutter das verzeihen.

Noch Jahre später wird sie versuchen, sich ihren Groll von der Seele zu schreiben. Sieben Monate vor ihrem Tod versucht sie, ihr Leben aufzuschreiben. Es ist ein kalter Januarabend, hinter ihr liegt das erste Weihnachten und das erste Neujahrsfest, das sie ohne ihre Familie verbracht hat – ein Augenblick tiefer Depression. Vor zweieinhalb Monaten hat sie begonnen, den Richtern alles zu berichten, was sie über die Mafia in ihrem Dorf wußte. Seither lebt sie mit ihrer Schwägerin Piera in Rom unter falschem Namen, als »Mitarbeiterin der Justiz«.

Schmerzhaft ist für sie die Erinnerung an eine Kindheit, die keine war. So schmerzhaft, daß sie ihr »Ich« gleichsam abspaltet und von sich in der dritten Person schreibt. In ihrer scharfen, nach oben strebenden Schrift, die zugleich die einer Frau und eines Schulmädchens ist, notiert sie in ihr Tagebuch:

»Der Vater war glücklich, als er erfuhr, daß sich heimlich ein kleiner Engel in den mütterlichen Schoß eingenistet hatte. Aber die Mutter wollte den Eindringling nicht, sie wollte nicht noch ein weiteres Kind wickeln – und erst recht nicht lieben, denn dieser Schoß hatte noch nie Liebe gegeben. Drei Monate verstrichen, dann entschied die Mutter, das Kind loszuwerden. Ihr Mann begleitete sie zum Arzt, er wünschte sich dieses Kind so sehr, daß es ihm gelang, seine Frau zu beschwindeln. Er sprach zuerst mit dem Arzt und bat ihn, seiner Frau zu sagen, daß eine Abtreibung beide, das Baby und die Frau, in Lebensgefahr bringen würde. Und so gelang es dem Vater, diesem lieben Schwindler, den Engel in die Welt zu setzen und ihm seine Liebe zu schenken. Eines Tages, am 4. September, ist es da: ein wunderschönes Töchterchen, sehnlichst erwartet und doch so wenig geliebt. Was für eine Glückseligkeit leuchtete in den Augen des Vaters, einem Vater, der die Tochter mit jeder Faser seines Herzens liebte – bis zu seinem letzten Atemzug. Er versuchte ihr das Beste zu geben, eines jedoch konnte er ihr nie geben, das war wahre Mutterliebe. Und zusammen mit dem Kind litt er darunter in aller Stille.«

Schnell ist Ritas Mutter überfordert von den drei kleinen Kindern, die von ihr mehr verlangen als ein Dach über dem Kopf und ein warmes Mittagessen. Für Rita ist die Kindheit ein nicht enden wollendes Martyrium. Sie erinnert sich: »Das kleine Mädchen verbrachte die Tage damit, allein oder mit der älteren Schwester zu spielen, denn es durfte nicht mit anderen Kindern spielen – und erst recht nicht außerhalb des Hauses. Die Mutter war vielleicht etwas zu ängstlich, und die Kinder sollten Musterkinder sein. Es war verboten, mit etwas zu spielen, das die Kleider schmutzig gemacht hätte, nie durften sie sich auf den Boden setzen, nie barfuß laufen, nie mit fremden Kindern spielen, denn sie hätten ihnen schlechte Gewohnheiten beibringen können, nie durften sie mit den schönsten Spielsachen spielen, weil sie hätten kaputtgehen können.

Es folgten die Jahre, in denen um nichts und wieder nichts gestritten wurde: wenn ein Ding nicht an der richtigen Stelle stand, wenn die Kinder mal wieder ungehorsam waren. Die Ehefrau war oft hart und gehässig zu jedermann: zu Verwandten, zu Freunden. Auf den Streit folgten Schläge, Ohrfeigen, mit denen der Mann seine Frau für ihren unverträglichen und unvernünftigen Charakter bestrafte. Danach wurde immer eine Woche lang zu Hause nicht gekocht. Die drei Kinder blieben sich selbst überlassen, denn die Mutter verließ die ganze Woche ihr Bett nicht. Am Abend, wenn der Mann nach Hause kam, machte er den Kindern etwas zu essen, brachte die drei zu Bett und legte sich dann auch schlafen. Es war wie ein Ritual, das sich täglich wiederholte. Die ältere Schwester, die erst acht Jahre alt war, kümmerte sich soweit es ging um die Kleine, die drei war. Der älteste Bruder Nicola ging morgens zur Schule, nachmittags war er zu Hause. Die Mutter schrie herum und sperrte ihn für die Schularbeiten ein, nachdem sie ihn verprügelt hatte. Auch er durfte nicht mit den anderen Kindern draußen spielen: Er mußte mit der Mutter zu Hause bleiben, ihr beim Putzen helfen – Staub wischen, Geschirr spülen. Und wehe, wenn er etwas dabei kaputtmachte. Rita wurde einmal mit dem Ledergürtel verprügelt und dazu gezwungen, einen ganzen Tag lang zu hungern. Sie mußte

18 Stunden lang stehen bleiben – frei stehen, ohne sich an ein Möbelstück anzulehnen. Anna, die ältere Schwester, beging ihren schwersten Fehler, als sie einmal ihre Mathematikaufgaben nicht lösen konnte und ihre Mutter um Rat fragte. Dann hieß es, daß sie in der Schule nicht richtig aufpassen würde und immer mit den Gedanken woanders sei. Zur Strafe zwang die Mutter sie, sich im Bad vor der Toilettenschüssel hinzuknien, und drohte ihr, wenn sie die Rechenaufgaben nicht innerhalb von 20 Minuten erledigen würde, sie mit der Luftpumpe zu verprügeln. Anna wurde geschlagen und mußte den ganzen Tag auf Knien verbringen. Das war nur eine der vielen Strafen, die verhängt wurden. Wenn von den Kindern eines etwas kaputtmachte oder die Schulaufgaben nicht zu Ende machte, weil es sie nicht verstand, mußte es die ganze Nacht stehend verbringen, ohne ein Sterbenswörtchen zu sagen. Die Mutter kontrollierte das Kind vom Bett aus – sie hatte ja auch den ganzen Tag geschlafen. Regelmäßig wurden die Kinder geschlagen, egal aus welchem Grund, mit Küchenschaufeln, mit Ledergürteln, mit Schuhen mit schweren Absätzen. Man könnte sagen, daß es grauenvoll war – aber es war vor allem unmenschlich.«

Je mehr Rita unter ihrer Mutter leidet, um so mehr vergöttert sie ihren Vater und Nicola, ihren Bruder. *I maschi*, die Männer, das sieht

Rita, sind die einzigen in der Familie, denen es gelingt, sich dem Terror der Mutter zu entziehen. Nur sie führen ein selbstbestimmtes Leben. Und sie sind die einzigen, die ihr, der Jüngsten, Liebe geben. Für ihren Vater ist sie *picciridda*, mein Kleines. Einmal bringt er ihr eine winzige elektrische Kinderorgel mit. Die bekommt einen Ehrenplatz im Wohnzimmer neben den Nußbaumvitrinen. Und jedesmal, wenn die Mutter sie abstaubt, kriegt sie einen neuen Wutanfall wegen des so teuren und unnützen Geschenks.

»Die Küsse, die Umarmungen, die Zärtlichkeiten des Vaters waren das einzige, was in der Familie nicht verboten war. Auch wenn er erschöpft von der Arbeit nach Hause kam, fand er immer noch die Zeit, mit der Kleinen zu spielen. Auch der große Bruder spielte mit ihr, er hob sie auf seinen Arm, warf sie hoch und fing sie wieder auf und drückte sie fest. Wenn es die Mutter erlaubte, dann konnte sie manchmal mit ihm das Haus verlassen. Er brachte ihr sogar das Tanzen bei. Wenn sie stolperte oder hinfiel, dann half er ihr wieder auf die Beine und ermutigte sie, von vorn anzufangen und nie aufzugeben. Und er war es, der ihr sagte: Schau aus diesem Fenster in die Welt. Da draußen gibt es ein glückliches Leben. Das werden auch wir vielleicht eines Tages führen, wenn wir uns gegenseitig Kraft geben oder vielleicht nur einfach uns die Hände halten.«

Rituzza nennt sie zärtlich der Bruder und tröstet sie, wenn die Mutter mal wieder einen Tobsuchtsanfall gehabt hat. Als er größer wird, läßt er sich nichts mehr von der Mutter gefallen und brüllt zurück, wenn sie ihn anschreit. Schließlich ist er der Mann im Haus, wenn der Vater nicht da ist. Hat das nicht auch Don Vito gesagt, als er seinem ältesten Sohn ein Gewehr zum 17. Geburtstag schenkte? Rita sieht aber schon früh ein, daß man mit der Schreierei bei der Mutter erst recht nichts erreicht. Sie schweigt. Manchmal tagelang.

Rita, die Jüngste, die Ungeliebte, leidet am meisten unter der Mutter – einer Mutter, die nie ihre Kinder küßt, sie nie tröstet, sie nie in ihre Arme schließt. Statt dessen achtet sie darauf, daß die Kinder ihre Mutter mit *vossia* anreden, wenn fremde Besucher da sind. »Erlaubt Ihr mir, ins Bett zu gehen?«, so muß dann gefragt werden, obwohl das altertümliche *vossia* nicht mal mehr in den entlegensten Bergdörfern Siziliens gebraucht wird. Rita sucht später nach Erklärungen, nach Entschuldigungen, sie will ihre Mutter verstehen und dem Rätsel ihres Grolls auf den Grund kommen. Niemand kann grundlos böse sein, davon ist sie überzeugt. Also schreibt sie über ihre Mutter: »Was für ein Leben: Ihre Mutter starb, als sie erst 16 Jahre alt war, und ihr Bruder tat mit 28 Jahren in ihren Armen seinen letzten Atemzug. Sie hatte gesehen, wie ihre Mutter und ihr Bruder das Leben aushauchten, und ihr Vater, der ihr immer nur böse erschien, starb auch bald. Die Menschen, die sie liebte, hatten sie enttäuscht. Sie hatten sie allein gelassen. Und so übertrug sie später den Groll, den sie in sich fühlte, auf ihre nächsten Angehörigen. Es war sicher nicht ihre Schuld, aber wessen Schuld war es dann? Wer hatte die Blutsbande zwischen ihnen geknüpft, wer war der Schöpfer dieses grausamen Schicksals?«

4

Don Vito

Don Vito arrangiert sich mit dem Leben an der Seite seiner verbitterten Frau: Wichtig ist ihm vor allem, daß die Kinder versorgt sind. Sicher, die Ehe hätte besser sein können, aber was will man machen? Er geht seiner Wege, verläßt frühmorgens das Haus, um sich um das Vieh zu kümmern, und versucht das Leben so gut es geht zu genießen.

Er stellt etwas dar im Dorf. Das spürt Rita schon von klein auf. Immer wie aus dem Ei gepellt, spaziert er nachmittags den Corso Vittorio Emanuele entlang, die schwarzen Haare glänzend, gutgelaunt und den schönen Dingen des Lebens nicht abgeneigt. Die schönen Dinge, das sind für ihn die Jagd, das Kartenspiel und die Frauen natürlich. Keine kann ihm widerstehen, so heißt es im Dorf. Kein Wunder, kichern die Männer in Partanna, bei dem Drachen von Ehefrau, den er zu Hause sitzen hat! Er nimmt sich die Frauen, die er will – die schöne Grazia zum Beispiel und Piera und Enza. Natürlich weiß auch Don Vitos Frau von seinem Liebesleben. Ihr Mann macht keine Umstände, nicht mal vor den Kindern versucht er seine Geliebten zu verstecken. Ganz im Gegenteil, manchmal nimmt er seinen Ältesten, Nicola, mit – zu Piera, zu Enza oder zu Grazia. Und der Junge fühlt sich wohl bei den Frauen, die ihn herzen und küssen, wie er es bei seiner eigenen Mutter nie erlebt hat.

Jeder im Dorf weiß von Don Vitos Amouren, aber nie käme ein von ihm gehörnter Ehemann je auf die Idee, seine Ehre wiederherzustellen. Mit Don Vito legt man sich nicht an. Und dann die Geschichte mit Angela! Monatelang erzählen sich die Männer in den Bars von Partanna nichts anderes. Angela ist die Patentante von Rita, und mit dieser Angela hatte Don Vito ein Verhältnis. Eines Tages, als Don Vito überraschend zum Schäferstündchen kommt, liegt da sein Freund Mommo Giannetto in Angelas Bett. Und was machen die beiden betrogenen Liebhaber? Sie beschließen, sich die schöne Angela brüderlich zu teilen. Und das funktioniert sogar. Monatelang.

Weil Don Vito versteht, das Angenehme mit dem Nützlichen zu verbinden, werden selbst die Gipfeltreffen von Partannas Mafia eine zeitlang im Hause seiner Geliebten abgehalten. Don Vito und Mommo Giannetto treffen sich in schönster Eintracht bei Angela und bereden bei den Treffen Geschäftliches. Und wäre die schöne Angela nicht eines Tages übergeschnappt, dann würde das Ganze noch heute funktionieren. Sie hat wohl doch zuviel mitgekriegt von Don Vitos und Mommos Geschäften und will Geld. Sie versucht, die beiden Liebhaber damit zu erpressen, daß sie alles ihrem Mann erzählen würde. Was sie auch tut. Ihr gehörnter Ehemann ist wie von Sinnen. Aber Mommo Giannetto und Don Vito haben ihn schließlich wieder zur Räson gebracht. Sie nahmen ihn ins Gebet, und Angelas Mann mußte einsehen, daß man sich nicht mit Don Vito anlegt. Aber verziehen hat er es ihm nie.

Don Vito hat es geschafft. In wenigen Jahren hat er es vom einfachen Schäfer zum wohlhabenden Grundbesitzer gebracht. Er hat schnell gelernt, schon als junger Mann ist er einer, der die Gesetze der Cosa Nostra im Belice-Tal so gut wie kein zweiter kennt. Das Handwerkszeug hat ihm sein Vater beigebracht, auch er ein *uomo di onore*. Nicola hieß er, genau wie Don Vitos Sohn. Schon den ganz kleinen Jungen nimmt der Vater nachts auf die Felder mit, wo er ihm beibringt, wie man mit einem festen Schnitt den zappelnden Schafen die Kehle durchschneidet. Und wie man einen Feind zum Schweigen bringt.

So wird Vito Atria einer, der mit den Mächtigen Partannas auf gutem Fuß steht. Einer, der bei den Accardos ein und aus geht und selbst von den Ingoglias geachtet ist. Zwar gelingt es ihm nie, ein wirklicher Boss zu werden, aber das Prestige, als verlängerter Arm der Accardos gefürchtet zu werden, schmeichelt ihm. *Il paciere*, Friedensstifter, nennt man ihn im Dorf, wird Rita stolz den Ermittlungsrichtern erzählen. Wenn es um Streitereien geht, um verlorene Ehre, die man wiedererlangen will, dann geht man zu Don Vito. Wie viele Besucher gehen in Don Vitos Wohnzimmer ein und aus, Giovanna Atria macht Kaffee, und wenn es sich um jemand besonders Wichtigen handelt, nimmt sie sogar die Schonbezüge von den Blumensofas.

Auch die Witwe von Nastasi, dem ermordeten Bürgermeisterkandidaten, kommt eines Tages zu ihm. Sie will Rache, *vendetta*, für ihren Mann, den Bürgermeister Culicchia auf dem Gewissen hat. Die Sache ist heikel. Den Mord an Nastasi hat Culicchia zusammen mit den Accardos eingefädelt, das weiß Don Vito. Und er kann sich wegen einer rachsüchtigen Witwe nicht gegen seine »Familie« stellen. Obwohl er den jungen Nastasi wirklich gern mochte – gegen das Gesetz der Cosa Nostra kann er sich nicht auflehnen. Als die Witwe dann woanders nach einem Killer für die *vendetta* sucht, wird es den Accardos zu bunt, und sie erteilen Don Vito den Auftrag, die Frau zur Vernunft zu bringen: Entweder sie gibt Ruhe, oder ihr Sohn ist tot. Don Vito redet ihr ins Gewissen. Und sie gibt Ruhe. Später wird sie für ihr Stillschweigen belohnt, so wie alle Mafiosi-Witwen: Man verschafft ihr eine Stelle in der Gemeindeverwaltung, und Culicchia, der mutmaßliche Mörder ihres Mannes, verspricht ihrem Sohn die beste Zukunft. So ist für alle gesorgt.

Mit der Feinfühligkeit eines Diplomaten, so glaubt Rita, löst ihr Vater manch verzwickten Fall. Viehdiebstahl zum Beispiel. Kaum hat ein Bittsteller Don Vito davon erzählt und ihn gebeten, sich darum zu kümmern, da sind die Schafe auch schon wieder da. Natürlich kosten die Bemühungen eine Kleinigkeit, aber da empfiehlt es sich, nicht kleinlich zu sein. Sonst liegen am nächsten Morgen die restlichen Schafe mit durchschnittenen Kehlen auf der Weide. Anders als Rita ahnen die meisten Bittsteller, daß Don Vito selbst hinter dem Viehdiebstahl steckt. Aber weil man ihm nichts beweisen kann, macht man gute Miene zum bösen Spiel und zahlt ihm die verlangte Summe. Ähnlich verfährt Don Vito auch mit den Traktoren: Er verkauft sie und stiehlt sie seinen Kunden, um sie dann gegen Entgelt »wiederzufinden«. Das ist seine Nebenerwerbsquelle, schließlich kann man von ein paar Schafen, Kühen und Ziegen keine Reichtümer erwarten. »Buongiorno dottore«, so grüßt man ihn in Partanna ehrfürchtig, und Don Vito sonnt sich in der Gewißheit, unbesiegbar zu sein. Doch dann hat er Pech. Es ist, als sei ein Zauber gebrochen.

Es beginnt damit, als er dem alten Ciaravolo die Schafe klaut. Der erscheint am nächsten Tag im Wohnzimmer und bittet ihn, das verlorene Vieh wiederzufinden. Schon am selben Tag hat Don Vito die Herde gefunden. Allerdings mit durchschnittenen Kehlen. Ciaravolo ist mißtrauisch, zu schnell ging ihm die Suche, er glaubt Don Vito kein einziges Wort. Und jetzt soll er auch noch dafür zahlen, daß ihm dieser *figlio di puttana*, dieser Hurensohn, die Schafe gestohlen hat? Er schaltet die Accardos ein, Don Vitos »Familie«. Sie sollen diesen Prahlhans in die Schranken verweisen, der glaubt wohl, daß er machen kann, was er will! Das hat noch nie jemand gewagt, zum ersten Mal bekommt Don Vitos Autorität einen Sprung.

Don Vito hat keine ruhige Minute mehr. Mit Schlichten ist in dem Streit mit Ciaravolo nichts mehr zu machen: Umbringen würde er ihn, droht Ciaravolo ihm am Telefon, eigenhändig würde er ihm die Kehle durchschneiden. Und als Don Vito das seiner Frau erzählt, wird sie ganz weiß vor Angst. Er beruhigt sie: Keine Sorge, er wird ihn schon zur Vernunft bringen. Er will ein Exempel statuieren. Mit Don Vito legt man sich nicht an! Ein paar Wochen später, als einer von Ciaravolos Söhnen gerade in die Flitterwochen aufgebrochen ist, werden Ciaravolo und ein anderer Sohn umgebracht. Don Vito hatte drei Killer aus Castelvetrano bestellt.

Zwar hat er jetzt seinen Widersacher zum Schweigen gebracht, aber ruhig ist er nicht. Nie vorher hat es passieren können, daß sich jemand an die Accardos gewandt hätte, um sich über ihn zu beschweren. Ciaravolo hatte zwar dafür bezahlen müssen, aber es war ein schlechtes Omen.

Und dann die Sache mit den Drogen. Beim letzten Gipfeltreffen der *capofamiglias* war die Rede davon, als die Accardos vorschlugen, groß in den Heroinhandel einzusteigen. Don Vito war sofort dagegen. Und er behielt seine Meinung nicht für sich.

Er fühlt sich von der jungen Generation der Mafia, den *picciotti*, überrollt. Er merkt nicht, daß sein Stern schon längst erloschen ist. Was verstehen die schon vom Geschäft, grummelt er, lassen ihr Vieh und die Weinberge verkommen und machen sich in Partannas Bars wichtig. Die Idee mit dem Heroinhandel ist ihm unheimlich. Von Schafen versteht er etwas, vom Viehdiebstahl, davon, wie man Schutzgelder erpressen kann, und vom *gambizzare* – wie man Unbeugsamen eine Warnung erteilt, indem man ihnen in die Beine schießt. Das ist Don Vitos Welt. Es will einfach nicht in seinen Kopf, daß man mit diesen kleinen Tütchen das große Geld machen soll.

Sicher, die Accardos haben ihn großgemacht, und ihr Wort ist ihm Gesetz. Aber selbst die können ihm nicht vorschreiben, was er zu denken hat. Also stimmt Don Vito gegen den Vorschlag der Accardos, in den Drogenhandel einzusteigen. Als auch die

Mafia Partannas an der neuen Ära des Drogenhandels teilnehmen will, ist der Punkt erreicht, wo Don Vito »Nein« sagt. Aber seine Stimme hat nicht so viel Gewicht, daß er etwas an der endgültigen Entscheidung ändern kann – die Accardos kommen auch ohne seine Zustimmung aus. Don Vito hat sich überschätzt, denn die Accardos werden ihm seinen Widerspruch nicht verzeihen: Ein Affront ist ein Affront. Don Vito, der glaubte, die Gesetze der Mafia wie seine Westentasche zu kennen, hat einen Fehler begangen, den er nicht mehr gutmachen kann. Er hat auf die Falschen gesetzt. Auf die Verlierer.

Alle im Dorf wissen, daß Don Vito den Bogen überspannt hat. Sogar sein alter Freund Mommo Giannetto, mit dem er die schöne Angela in aller Eintracht geteilt hat, will mit einem Verlierer nichts mehr zu tun haben. Ein paar Mal hat er noch versucht, Don Vitos Bauernschädel klarzulegen, daß im Drogenhandel die Zukunft steckt. Aber da ist nichts zu machen. Der Streit geht sogar so weit, daß Mommo seinem alten Freund verbietet, die Schafe auf seinem Land grasen zu lassen, wie es jahrelang üblich ist. Am nächsten Tag hat Giannetto sein Grundstück mit einem Stacheldraht umzäunt. Don Vito rächt sich für diese Beleidigung, indem er seinen Ältesten losschickt, die Zäune einzureißen. Aber das ist das Ende einer Mafioso-Freundschaft:

Giannetto tobt und läßt keinen Zweifel darüber bestehen, daß Don Vitos Tage gezählt sind. Seitdem die Accardos die Drogen nach Partanna gebracht haben, ist nichts mehr, wie es früher war, findet Don Vito. Niemand hätte früher den Mut gehabt, ihm mit dem Tod zu drohen.

Und dann verwickeln die Accardos Nicola, Don Vitos Ältesten, in das Drogengeschäft: Eines Tages stellt Vito Atria fest, daß unter der Matratze die Tütchen mit dem weißen Pulver stecken. Der Vater tobt. Nicola aber sieht nichts Schlechtes darin, er findet das Verhalten des Vaters sogar etwas rückständig – schließlich waren es die Accardos höchstpersönlich, die Nicola zum Drogenkurier machten. Und einen Auftrag der Accardos kann man nicht abschlagen. Don Vito weiß, daß sich dahinter die Absicht verbirgt, seine Autorität als Vater lächerlich zu machen.

Nicola ist arbeitslos, er kümmert sich ein bißchen um das Vieh, aber einen richtigen Beruf hat er nicht gelernt. Und auf das schnelle Geld mit den Drogen will er nicht verzichten. Don Vito versucht, seine Autorität bei Bürgermeister Culicchia geltend zu machen. Er soll seinem Sohn eine Anstellung in der Gemeindeverwaltung verschaffen. Und dann geschieht das Unglaubliche: Der Bürgermeister »sì sì« lehnt Don Vitos Bitte ab. Nie zuvor war das geschehen, Partannas Mafia hat immer auf die Unterstützung des Bürgermeisters zählen können. Aber Don Vito gehört nicht mehr zu denen, die in Partanna zählen. Ob er wirklich nicht merkt, daß sich die Schlinge immer enger zieht, daß er einer geworden ist, den man »zur Vernunft bringen muß«?

Seitdem sein Sohn Nicola 17 Jahre alt ist, steht fest, daß er Piera Aiello heiraten würde, sobald sie volljährig ist. Eine richtige Kinderliebe: Auf der Piazza haben sie sich kennengelernt. Hübsch, aufgeweckt und mit beiden Füßen auf dem Boden der Tatsachen, diese Piera. Schwarze Locken, vergnügte, kugelrunde Augen – Don Vito hat sie gleich gefallen.

Seiner Frau allerdings überhaupt nicht – und sie macht kein Geheimnis daraus. Als Piera 14 ist, fast noch ein Kind, verlobt sich Nicola mit ihr. Piera wird der zukünftigen Schwiegermutter zum ersten Mal offiziell vorgestellt, und Giovanna Atria zischt noch in der Eingangstür ihrer Schwiegertochter zu: »Wenn es nach mir gegangen wäre, dann wäre diese Verlobung nicht zustande gekommen.« Piera ist ihr suspekt: eine, die nicht nur Dialekt spricht, sondern der auch das Italienische so flüssig über die Lippen kommt, wie es Giovanna Atria sonst nur von Fernsehansagerinnen kennt. Pieras Vater ist Maurer, und das, was Giovanna Atria von ihm weiß, beunruhigt sie nur noch mehr: Er hat weder mit den Accardos noch mit den Ingoglias zu tun. Er gehört nicht mal zur Cosa Nostra. Die Unbefangenheit, mit der sich Piera in der neuen Familie bewegt, verunsichert sie. Piera stellt ihre gewohnte Ordnung in Frage, und sie begnügt sich nicht mit den üblichen ausweichenden Antworten.

»Piera ist keine, die das Geld zusammenhält, das ist eine, die nie genug haben kann, die hat es auf das Geld abgesehen« – jeden Tag liegt Giovanna damit ihrem Mann in den Ohren. Kein Tag vergeht ohne eine Schimpftirade auf Piera, *lu gioiellu*, das Schmuckstück, wie sie Giovanna Atria in ihrem sizilianischen Dialekt nennt. Aber Don Vito stellt sich taub. Piera gefällt ihm, und damit Schluß.

Eines Tages fragt sie Don Vito: »Warum nennen sie dich Mafioso?« Giovanna Atria erstarrt. Das Wort »Mafia« wird im Hause Atria nicht ausgesprochen. Dieses neugierige Ding muß in alles seine Nase hineinstecken! Aber Don Vito lacht, erklärt Piera dann geduldig den Unterschied zwischen Mafiosi, die mit Drogen handeln, und den Mafiosi, zu denen er sich zählt: den »Guten«, denjenigen, die für Ordnung sorgen und die Schafhirten vor Viehdieben schützen.

Dann ist Piera 17 geworden, und im nächsten Jahr, wenn sie volljährig ist, soll geheiratet werden. So ist es geplant. Aber jetzt wäre fast auch noch Nicolas Hochzeit wegen der verdammten Drogen in die Brüche gegangen. Piera fängt plötzlich an zu spinnen. Über Nacht läßt sie Nicola, Don Vitos ganzen Stolz, mit der Begründung sitzen, daß sie nichts mit Drogen zu tun haben will. Daß Nicola mit Heroin handelt, hat ihr Giovanna Atria erzählt, die die Heirat mit allen Kräften verhindern will. Fast wäre es ihr gelungen. Aber Don Vitos Sohn läßt man nicht einfach sitzen. Drogen hin oder her. Trotzdem läßt sich Piera nicht beirren, sie bricht den Kontakt zu Nicola ab. Bis Don Vito der Widerspenstigen ins Gewissen redet. »Natürlich darfst du meinen Sohn bestrafen, wenn er das verdient«, sagt er ihr, »aber eines darfst du nie vergessen: Du wirst immer die Schwiegertochter von Don Vito bleiben. Egal, wohin du auch gehen wirst. Und denk daran: Jeder hat eine Familie.« Piera gibt ihm keine Antwort, sie nickt nur still. Sie hat Don Vitos Warnung verstanden.

Ein paar Monate später findet die Hochzeit statt. Kurz vor der Feier kommt es wieder zu einem Vorfall, dessen Bedeutung Don Vito unterschätzt: Er hatte Mommo Giannetto eingeladen, um die Fehde beizulegen. Aber Gianetto hatte die Einladung vor seinen Augen zerrissen und ihm vor die Füße geworfen. Als Don Vito das seiner Frau erzählt, ist sie ganz besorgt: Man wird doch nichts gegen dich planen? Wie kann sich sonst Giannetto noch einmal trauen, dich herauszufordern ... Aber Don Vito beruhigt sie: Was soll sich schon dahinter verbergen, mach' dir keine Sorgen.

Am Tag der Hochzeit erscheint Piera im prächtigsten Brautkleid, das man je in Partanna gesehen hat. Und Nicola sieht in seinem Zweireiher so schön aus wie ein amerikanischer Schauspieler. Don Vito platzt fast vor Stolz. Gleich nach der Hochzeit fährt das Brautpaar in die Flitterwochen. Drei Wochen Rundreise durch Spanien ist geplant – Barcelona, Palma de Mallorca, Madrid. Aber das junge Brautpaar kommt nicht weit, Siziliens Wirklichkeit holt sie am neunten Tag der Hochzeitsreise ein. Ein Anruf aus Partanna: Don Vito ist tot.

Nach der Hochzeit war Don Vito wieder seiner Arbeit nachgegangen, wie jeden Tag hatte er das Haus frühmorgens verlassen, um den Burschen abzuholen, der ihm bei der Arbeit mit dem Vieh half. Kurze Zeit später klingelte das Telefon, Giovanna Atria hörte nur, wie jemand sagte: »Ihr Mann hat einen Unfall gehabt«, und sofort wieder auflegte. Da wußte sie Bescheid. Später kamen die Nachbarn und erzählten ihr, daß die Killer Don Vito auf dem Corso niedergestreckt hatten.

Keiner in Partanna fragt, warum Don Vito umgebracht wurde. Allen ist klar, daß er den Accardos zu hoch gepokert hatte. Selbstsicher wie ein *padrone* war er durch das Dorf spaziert und hatte jedem, der es hören wollte, schäft hielt. An Feinden hat es ihm in Partanna wirklich nicht gemangelt. In seiner Überheblichkeit war er zu weit gegangen, mit zu vielen hatte er sich überworfen. Und dann war da noch die Sache mit dem Mord an Ciaravolo und seinem Sohn, der auf Don Vitos Konto ging. War das nicht auch passiert, als der Sohn auf Hochzeitsreise war?

Don Vito, der glaubte, wie kein Zweiter die Gesetze des Belice-Tals zu kennen, war über das Ziel hinausgeschossen und hatte Fehler gemacht. In seinem Größenwahn hatte er eine Grundregel übersehen, die ihm schon sein Vater beigebracht hatte: *Chi sbaglia, deve pagare.* Wer einen Fehler macht, der muß dafür zahlen.

Nicola und Piera kommen mit dem nächsten Flugzeug nach Palermo zurück. In Partannas Leichenhalle, vor der Bahre Don Vitos enden die Flitterwochen des jungen Brautpaars. Nicola tobt wie ein Rasender. Er weiß, was seine Aufgabe ist: den Mörder seines Vaters zu finden. Noch bevor der Vater begraben ist, schwört er Rache. Rita weint den ganzen Tag und spricht mit niemandem. Ihre Mutter ist wie versteinert. Nicht mal bei der Trauerfeier läuft ihr eine Träne über das Gesicht. Sie trägt Schwarz. Und nie wieder wird sie eine andere Farbe tragen.

5

Geschwisterliebe

Es ist eine Welt der simplen Wahrheiten, in der Rita und Nicola aufwachsen. »Wer einen Fehler macht, muß dafür bezahlen« – »Verlorene Ehre muß gerächt werden« – unabdingbare Wahrheiten, die bedingungslos zu akzeptieren sind. Wer mit der Mafia lebt, kennt ihre Regeln. Man könnte es Stimme des Blutes nennen, vielleicht ist es auch nichts anderes als blinde Zwangsläufigkeit, die Nicola dazu treibt, vor dem Sarg seines Vaters Rache zu schwören. Über Nacht sind aus »den Atrias« die Kinder eines Verlierers geworden. Diese Schmach will Nicola tilgen. Und die einzige, die das versteht, ist seine kleine Schwester Rita.

Don Vitos Tod schmiedet die Geschwister noch mehr zusammen. Obwohl Nicola seit der Heirat bei seinen Schwiegereltern wohnt, vergeht kein Tag, an dem er nicht zu Hause vorbeischaut. Rita sehnt sich nach ihm, denn seit Don Vito tot ist, gibt es niemanden mehr im Hause Atria, der der Mutter Einhalt gebieten kann. Als Nicola ein paarmal versucht, den Mann im Haus zu spielen, gebärdet sich die Mutter wie toll. »Das haben dir wohl deine feinen Schwiegereltern beigebracht, wie man mit der Mutter spricht?« heißt es dann. Jeden Tag jammert sie Rita vor, was für ein Nichtsnutz ihr Bruder doch ist: Er kümmert sich nicht um die 70 Schafe, seinen Erbteil, das Land läßt er verkommen und ist obendrein noch so herrschsüchtig wie der Vater – Rita kann es nicht mehr hören. Die Machtprobe zwischen der Mutter und Nicola geht sogar so weit, daß Giovanna Atria heimlich einen Teil des Landes verpachtet. Als Nicola eines Morgens auf den Feldern auftaucht, steht da der neue Pächter, grinst und sagt: »Ich bin jetzt der Besitzer hier.« Nicola ist blind vor Wut: Am nächsten Tag sind Felder und Scheune abgebrannt. Das ist das Ende zwischen Mutter und Sohn. »Ich werde ihm das heimzahlen«, droht sie. Und obwohl Rita zu vermitteln versucht, marschiert Giovanna Atria am nächsten Tag zu den Carabinieri und zeigt ihren Sohn wegen Brandstiftung an. Keinen Fuß soll er mehr in ihr Haus setzen, nicht mal seinen Namen darf Rita aussprechen. Und das Schlimmste ist: Rita darf auch keinen Kontakt mehr zu ihrem Bruder haben.

Natürlich treffen sich die Geschwister weiter – heimlich holt Nicola Rita von der Schule ab. Aber was kann in Partanna schon geheim bleiben! Wieder rennt die Mutter zu den Carabinieri und erstattet Anzeige: Nicola habe Rita in der Schule belästigt. So geht es weiter. Taucht Nicola doch einmal zu Hause auf, kann er sicher sein, daß prompt am nächsten Tag eine Anzeige von seiner Mutter wegen Diebstahls vorliegt. Ein Tollhaus, das Haus der Atria, das meinen selbst die Partannesen, obwohl sie bei Familienstreitereien einiges gewöhnt sind.

Und dann Annamaria. Nicht, daß Rita zu ihrer großen Schwester ein besonders herzliches Verhältnis hätte, aber daß sie jetzt auszieht, macht das Leben für Rita noch schwerer. Don Vito ist tot. Zu Nicola darf sie keinen Kontakt mehr haben – und jetzt heiratet auch noch Annamaria. Gleich nach der Hochzeitsfeier zieht das Brautpaar nach Mailand, das ist für Rita so weit weg wie der Mond. Sie kann Annamarias Freude darüber nicht teilen. Doch die Schwester macht kein Hehl daraus, daß sie froh ist, Partannas Sumpf zu entfliehen: endlich raus aus dem Teufelskreis von Rache und verlorener Ehre, weg von den schreienden Witwen, die um ihre Männer trauern.

Annamaria ist eine schöne Braut, in einem enganliegenden Satinkleid, mit nach unten aufspringenden Volants und langer Schleppe – so schön, daß sich Rita neben ihr wie ein häßliches Entlein fühlt. Babyspeck hat sich auf ihren Hüften festgesetzt, bis vor kurzem machte er noch ein pummeliges, niedliches Mädchen aus ihr, jetzt läßt er sie früh ältlich ausehen. Genierlich posiert sie für den Fotografen, auf den Lippen ein mühsames Lächeln. »Ganz die Mutter«, heißt es, und wenn Rita das hört, könnte sie zur Furie werden. Wie soll man schon aussehen, wenn einem die Mutter die Kleider aussucht, die Röcke wadenlang, die Blusen tantenhaft? Schon bei Jeans regt sie sich auf, von einem Minirock, so wie ihn die anderen Mädchen in Partanna mit der größten Selbstverständlichkeit tragen, ganz zu schweigen.

Rita sehnt sich danach, der Mutter zu entkommen. Die Hotelfachschule in Sciacca erweist sich als ein Geschenk des Himmels. In Gedanken segnet sie ihre Schuldirektorin dafür. Wenn Signora Ferrante nicht so auf die Mutter eingeredet hätte, dann säße Rita immer noch in Partanna – womöglich bei der Schneiderin in der Lehre. Richtig überzeugt ist Giovanna Atria nicht: Im Hotel zwischen lauter fremden Menschen, ob das der richtige Beruf für ein junges Mädchen ist? Aber da hat sich Rita schon in der Schule eingeschrieben und träumt von weiten Reisen, fremden Sprachen und eleganten Hotels – fern von der Monotonie Partannas.

Sciacca, das sind 35 Kilometer hin, 35 Kilometer zurück durch Olivenhaine und Weinberge – Stunden braucht der Autobus durch die engen, kurvigen Bergstraßen, bis er das Ziel erreicht. Widerstrebend muß Giovanna Atria nach ein paar Monaten einsehen, daß Rita die Strecke nicht jeden Tag machen kann. Und ebenso widerstrebend gibt sie die

Einwilligung, daß sich ihre Tochter mit drei anderen Schülerinnen in Sciacca eine Wohnung teilt und nur am Wochenende nach Partanna zurückkommt.

Rita will sich der unverhofften Großzügigkeit ihrer Mutter als würdig erweisen. Sie lernt eifrig, und als die Mutter einmal zum Elternsprechtag kommt, nimmt sie zufrieden zur Kenntnis, daß ihre Tochter eine gute Schülerin ist. Zur Belohnung kauft sie ihr zwei Uniformen für das erste Hotelpraktikum: eine in Grün und eine in Schwarz mit türkisfarbenem Rand, so edel, wie sie nur in den feinsten Hotels getragen werden.

Auch die Lehrer sind zufrieden mit dieser ernsthaften Schülerin, die für die Dummenjungenstreiche ihrer Mitschüler nichts übrig hat. Rita tut ihr Bestes, um die Oberfläche ihres Lebens zu glätten, als wolle sie sich unsichtbar machen: Sie putzt sich auch nicht so auf wie die anderen Mädchen, die in engen Stretch-Minikleidchen kein Geheimnis aus ihren Rundungen machen, mit Lidstrich über den Augen und gepuderte Nase – im Kopf nichts anderes als die Verabredungen am Nachmittag. In Jeans und T-Shirt, die kastanienbraunen Haare irgendwie zum Pferdeschwanz hochgefummelt, wirkt Rita so unauffällig, daß sich niemand nach ihr umdrehen würde.

Gewissenhaft ist Rita Atria und ernst – manchmal vielleicht sogar zu ernst: Es gibt

Tage, da ist sie so verschlossen, daß die Lehrer meinen, sie hätte eine Mauer um sich gebaut. Um so mehr ist die Französischlehrerin erstaunt, als Rita ihr eines Tages eine Frage stellt. Vor der ganzen Klasse fragt sie, unvermittelt fast: »Finden Sie es richtig, daß die Eltern das Leben ihrer Kinder völlig beeinflussen?« Dann erzählt Rita davon, daß die Mutter ihr den Kontakt zu ihrem Bruder verboten hat, dem Bruder, an dem sie so hängt, den sie liebt wie nichts anderes auf der Welt. Die Lehrerin ist von soviel Intimität irritiert. Was in den Familien anderer passiert, geht niemanden etwas an. Wer weiß, was sich hinter diesem Streit verbirgt? Besser, man mischt sich nicht ein. Der Stundenplan drängt, die nächste Lektion muß durchgenommen werden, und die Lehrerin sagt beschwichtigend: »Du wirst sehen, es wird schon wieder gut werden.« Und Rita, die zum ersten Mal versucht, sich jemandem außerhalb der Familie anzuvertrauen, lernt, daß es keinen Zweck hat: *Fidarsi è buono, non fidarsi è meglio*, heißt es in Sizilien – es ist gut, wenn du Vertrauen hast. Aber besser ist, wenn du keins hast.

Vertrauen, richtiges, echtes, vorbehaltlos und ohne Hinterausgänge, das hat Rita nur zu ihrem Bruder. Ihn darf sie nun schon seit zwei Jahren nicht mehr sehen. Nicht mal die Geburt ihrer Enkeltochter, Vita Maria, kann die Mutter erweichen. Das gegen Nicola verhängte Verdikt bleibt bestehen. Zwei Jahre, in denen sich Rita bei jeder Entscheidung fragt: Was Nicola wohl davon denkt?

Alles hatte sie ihm mitgeteilt. Sogar die Sache mit Calògero, Ritas erstem Verehrer. Hätte Nicola ihr auch nur einmal gesagt, daß er nichts von ihm hält – Rita hätte Calògero fallengelassen wie eine heiße Kartoffel. Aber seitdem Nicola seinen Segen gegeben hat, hält Rita Calògero die Treue.

»Gero« Cascio ist Ritas Kinderliebe. Sie kennen sich schon von klein auf. Und obwohl nichts offiziell ist, ist allen in Partanna klar, daß Rita und Calògero zusammengehören. Wie alle verliebten Schulmädchen der Welt schmückt auch Rita die erste Seite ihres Schulhefts mit einem großen Herz: *Gero, ti amo* steht da, Gero, ich liebe dich. Nicola hatte immer bewundernd gesagt: »Der wird es noch zu etwas bringen«. Damit hatte er Calògeros Eifer gemeint, sich bei den Mafiosi Partannas unentbehrlich zu machen: Obwohl er noch jung ist, treibt er zuverlässig wie kein zweiter den *pizzo* für die Accardos ein, das Schutzgeld von Ladenbesitzern und Pächtern. Und handelt für Partannas Paten mit Heroin und Kokain.

Was würde Rita dafür geben, wenn sich die Mutter wieder mit ihrem Sohn versöhnen würde. Aber alle Vermittlungsversuche schlagen fehl. Schon wenn die Mutter den Namen nur hört, wird sie zur Furie. Das einzige, was Rita in der Zeit von ihrem Bruder weiß, ist, daß er umgezogen ist und eine Bar in Montevago betreibt, dem Nachbardorf Partannas, eine halbe Autostunde entfernt.

Aber eines Tages taucht der verlorene Bruder wieder auf. Vor der Schule steht er, strahlend wie immer. Er nimmt seine Schwester in die Arme und sagt: »*Rituzza*, meine Kleine, wie geht's?« Einer von Ritas Lehrern hatte bei ihm in der Bar einen Espresso getrunken und durch Zufall erzählt, daß in seiner Klasse eine Rita Atria sitze – ob die seine Schwester sei? Rita heult vor Freude. Ihre Welt ist wieder im Gleichgewicht. Am nächsten Tag erzählt sie sogar ihrer Französischlehrerin überglücklich von dem Wiedersehen.

Dreimal in der Woche besucht Nicola jetzt seine Schwester abends in Sciacca. Wie zwei Verliebte liegen sie sich dann in den Armen und tauschen Geheimnisse aus. Sehen sie sich nicht, gibt Rita ihren Schulfreundinnen, die in Montevago wohnen, engbeschriebene Briefe für ihren Bruder mit. Kein Gedanke, kein Vorhaben, kein noch so kleines Ereignis wird dem anderen vorenthalten. Nicola erzählt ihr alles über seine Versuche, den Mörder seines Vaters zu finden. Daß er schon auf der richtigen Spur sei, daß er seine Rache langsam und sorgfältig vorbereite. Und daß er den Drogenhandel nur wieder aufgenommen hat, um in Kontakt zu den richtigen

Leuten zu kommen: *Gente chi conta* – Leute, auf die es ankommt, Leute, die die richtigen Informationen geben können. Er verheimlicht ihr nichts. Nicht mal, daß sein erster Mordversuch auf Mommo Giannetto schiefgegangen ist – der alte Freund Don Vitos, der ihm in den letzten Wochen vor seinem Tod gedroht hatte, ihn umzubringen. Aber das sei ohnehin die falsche Spur gewesen, hat Nicola inzwischen herausgekriegt, der Killer war ein anderer. Einer von den Accardos – das ist beiden klar. Nicola ist zuversichtlich: Er hat Freunde, die ihm helfen werden.

Rita fühlt sich bei Nicola geborgen – und Nicola tut es gut, seine Schwester in seine Pläne einzuweihen: Wer kann besser als Rita verstehen, wie besessen er von dem Vorhaben ist, den Vater zu rächen? Ihn läßt der Gedanke keine Ruhe, daß sein Vater tot ist, und sein feiger Mörder sorglos über die Piazza spaziert.

Auch über ihren Tod reden die beiden Geschwister: Mit einer Selbstverständlichkeit richten sie sich auf ein Leben im Jenseits ein, als könnte es sie schon morgen treffen. Sie wollen in der Familiengruft der Atria begraben werden – auch wenn der Vater, dessen Wunsch von der Mutter nicht respektiert wurde und in der Gruft ihrer Eltern, der Cannovas, bestattet wurde. In den Augen der Kinder eine Beleidigung für die Atrias.

Obwohl bei den Treffen zwischen Rita und

Nicola höchste Geheimhaltung herrscht, erfährt die Mutter dennoch eines Tages von dem verbotenen Kontakt. Sie schlägt Rita, bis sie von zu Hause wegläuft und bei Nicola und Piera in Montevago Zuflucht sucht. Drei Tage wohnt sie da. Schließlich taucht die Mutter mit den Carabinieri vor der Tür auf und will ihre Tochter abholen. Doch dieses Mal fügt sich Rita nicht: Wenn die Mutter sich nicht wieder mit Nicola versöhnt, bewegt sie sich nicht von der Stelle! Giovanna Atria gibt nach. Widerstrebend zwar und ohne rechte Einsicht. Aber an Sturheit ist ihr die jüngste Tochter überlegen: Sie erreicht, daß Nicola wieder über die Schwelle des Hauses Atria treten kann. Rita ist glücklich über ihren Sieg – niemand soll sie je wieder von ihrem Bruder trennen.

6

Szenen einer Ehe

Eigentlich hätte Piera wissen müssen, daß ihr diese Ehe kein Glück bringen würde. Von der Hochzeitsreise zur Beerdigung – wenn das kein schlechtes Omen ist. Aber Piera, die Pragmatikerin, hält nichts vom sizilianischen Defätismus. Sie glaubt nicht an ein Schicksal, dem man sich widerstandslos zu ergeben hat. Sie hält nichts von ungeschriebenen Gesetzen, denen man blindlings folgen muß. Das Leben ist dazu da, in die Hand genommen zu werden. Hat sie es nicht auch geschafft, Nicola vom Drogenhandel abzubringen? Also wird sie ihm auch die *vendetta*, die Rache, ausreden können, davon ist sie überzeugt. Schon als sie Nicola auf der Beerdigung seines Vaters beobachtet, redet sie auf ihn ein: »Nico, wenn dein Vater keinen Fehler begangen hätte, dann hätte man ihn auch nicht umgebracht. Misch' dich da nicht ein.« Nicola reagiert nicht. Mühsam beherrscht beißt er die Zähne zusammen, daß die Kieferknochen hervortreten. Piera wird deutlich und sagt ihm: »Vergiß eines nicht: Was du auch machst – du kannst nicht mehr zurück.«

Gut, sie liebt ihn, so wie er ist – mit seinen Verrücktheiten, mit seinem Mut zum Risiko.

Aber das jetzt, weiß Piera, das ist mehr als eine Verrücktheit, mehr als ein Spiel: *vendetta* bedeutet Mord.

Kurz nach Don Vitos Beerdigung fährt ein imposanter Mercedes bei Piera und Nicola vor, aus dem ein gutgekleideter Herr steigt. Höflich bittet er um eine kurze Unterredung. »Ich war ein guter Freund Ihres Vaters«, sagt er, »und es würde mich sehr freuen, wenn Sie und Ihre Frau eine zeitlang meine Gäste sein könnten. Vielleicht können wir ein paar Tage zusammen am Meer verbringen, um uns kennenzulernen? Überlegen Sie sich, Nicola, ob Sie nicht die Absicht haben, in unsere Familie aufgenommen zu werden.« Dann schreibt er seine Adresse auf einen Zettel. »Wann immer Sie Hilfe brauchen, wenden Sie sich an mich.«

Piera ist von diesem undurchsichtigen Besucher beunruhigt. Dennoch versucht sie so beiläufig wie eben möglich »Wer war das?« zu fragen, und Nicola antwortet: »Einer aus Corleone, wird wohl ein alter Freund meines Vaters gewesen sein.« Dann grinst er – etwas schief, so wie er immer grinst, wenn er seine Unsicherheit überspielen will. Er weiß, was seine Frau denkt. Piera hat nie ein Hehl daraus gemacht, daß sie von solchen Kontakten nichts hält. »Wenn dein Vater Mafioso war, dafür kannst du nichts. Aber du darfst jetzt nicht den gleichen Weg gehen.«

Das wichtigste für Piera ist, aus Partanna

wegzukommen – weg von den finsteren Gestalten, mit denen Nicola seine Zeit auf der Piazza und in den Bars totschlägt. Denn Nicola hat Zeit – viel Zeit, auf dem Feld arbeitet er nicht mehr. Das Land, das ihm eigentlich zusteht, hat die Mutter seit dem Krach verpachtet. Ab und zu macht er Gelegenheitsarbeiten. Eine feste Arbeit ist nicht mal in Aussicht, und von den 600 Mark Rente, die ihm die Armee seit einem kleinen Unfall während der Militärzeit zahlt, kann eine dreiköpfige Familie nicht leben. Da kommt die Idee mit der Bar in Montevago wie gerufen. Pieras Vater hat seine ganzen Ersparnisse zusammengelegt, um die »Bar Italia« zu kaufen. So ist für alle gesorgt: Piera, Nicola und sein Schwiegervater teilen sich die Arbeit in der Bar, und Pieras Mutter kümmert sich um die kleine Enkeltochter.

Montevago ist 15 Kilometer von Partanna entfernt, ein Dorf der Hoffnungslosigkeit: In den zwanzig Jahren nach dem Erdbeben hat man sich nicht mal die Mühe gemacht, die Trümmer zu beseitigen. Man hat sich an den Anblick gewöhnt. »Das alte Dorf« werden die Trümmer genannt, als sei es ein gleichberechtigter Stadtteil neben dem »neuen Dorf«. Im sizilianischen Klima zerfallen die Ruinen nur langsam. Nicht mal etwas Grün kann sich einnisten: Die Sonne verdörrt das Unkraut, noch bevor es von den Mauern Besitz ergreifen kann. Im »neuen« Dorf wohnen die

Glücklichen, die es geschafft haben, nach all den Jahren aus den Containern herauszukommen. In Häusern, die aussehen wie in Beton gegossene Kopien der Behelfscontainer.

In der Trostlosigkeit Montevagos ist die »Bar Italia« ein Glücksfall: der einzige Treffpunkt in einem Dorf, in dem es nicht mal eine Piazza gibt. Eine kleine Oase in der Via Magellano – mit rosagestrichenen Wänden, draußen vor dem Eingang gibt es sogar eine kleine Terrasse, auf der im Sommer Tische und Sonnenschirme aufgestellt werden. Morgens um fünf wird geöffnet. Die ersten Gäste trinken dann auf dem Weg zur Arbeit einen Espresso. Die letzten gehen nachts um drei. Sogar die Carabinieri nehmen nachmittags ihren Kaffee hier. Montevagos Polizeistation ist nur einen Steinwurf von der »Bar Italia« entfernt, bald kennt Piera jeden Polizeimeister mit Vornamen. Piera arbeitet rund um die Uhr. Sie belegt Brote mit Schinken und Käse, macht Eis, Cassata und Semifreddo, die Spezialitäten Siziliens. Die Wände der Bar sind mit Ölbildern geschmückt, die Piera in ihrer Sehnsucht nach einer heilen Welt gemalt hat: Palmen und Flamingos vor einem orangeroten Sonnenuntergang, ein türkisfarbenes Meer mit azurblauen Bergen im Hintergrund.

Bald kennen alle in Montevago das junge Ehepaar von der »Bar Italia«. Wenn es nach

Piera ginge, dann könnte sie hier alt werden: mit der kleinen Wohnung, die nur ein paar Schritte entfernt ist, und den Eltern, die gleich gegenüber wohnen. Fast sieht es so aus, als hätte Nicola sogar seine Rachepläne aufgegeben. Auch ihm scheint das ruhige Leben zu gefallen, er schmiedet Pläne für einen Umbau der Bar und begeistert sich dafür, wie man sie noch schöner, größer und moderner einrichten könnte.

Lange währt die Idylle nicht. Bald tauchen sie wieder auf, Nicolas Freunde aus Partanna. *Le brutte facce*, die finsteren Gesichter, die Nichtsnutze, wie sie Piera nennt, weil kein einziger von ihnen einer geregelten, anständigen Arbeit nachgeht. Erst lassen sie sich nur ab und zu in der Bar blicken. Wie zufällig kommen sie auf einen Espresso vorbei: Michele Mauro, Domenico Eletto und Vincenzo Tamburello. So als ahnten sie, daß Piera sie insgeheim verwünscht. Nicola verschwindet mit ihnen, manchmal eine ganze Nacht lang. Als Piera in dem Gehäuse der Küchenuhr ein paar Tütchen mit Kokain und Heroin findet, schreit sie: Soll jetzt alles wieder von vorn anfangen? Steckt in deinem verdammten Kopf kein Funken Verantwortungsgefühl für deine Familie? Doch, sagt Nicola, gerade weil ich Verantwortung für meine Familie empfinde, will ich das tun, wovon mich nichts auf der Welt abhalten wird: »Ich muß die Ehre der Familie wiederherstellen.« Und: Der Drogenhandel, das ist doch nur ein Vorwand, damit man merkt, daß man auf mich zählen kann, damit von den Accardos keiner mißtrauisch wird. Mach' dir keine Sorgen. Daran wird Piera nichts ändern – die Rechnung mit dem Mörder seines Vaters will Nicola persönlich begleichen. Und Michele, Domenico und Vincenzo werden ihm dabei helfen.

Seine Freunde gehören zum Fußvolk der Mafia in Partanna: Drogenhandel, Einbrüche, Waffenhandel, Autodiebstahl – eben all das, was ein *picciotto* zu erledigen hat, um sich bei den Bossen unentbehrlich zu machen. Nicola glaubt an sie: Die kommen herum in Partanna. Die gehen bei den Accardos ein und aus, sagt er zu Piera, wenn sie mal wieder seinen Umgang beklagt. Er vertraut ihnen blind. Meine Freunde stehen zu mir, sagt er. Du wirst sehen, in ein paar Tagen werde ich sogar den Namen des Killers wissen.

Die »Bar Italia« ist für Nicola nur noch ein Vorwand, um sich ungestört mit seinen Freunden zu treffen, kurz aufzutauchen und dann wegzufahren. Nach Partanna, nach Santa Margherita di Belice – Erledigungen machen, wie er das nennt. Wenn Piera ihn weggehen sieht, im weißen Hemd mit schwarzer Weste, auf der Nase das neueste Ray-Ban-Modell, grinsend wie immer, wird sie wütend. »Du glaubst wohl, unsterblich zu sein«, brüllt sie ihm hinterher. Wenn das noch nicht wirkt, schreit sie noch ein »Aber wenn es darauf ankommt, gehst du in einem Glas Wasser unter – so wie alle Atrias«. Nicolas Antwort ist eine Ohrfeige.

Um Nicola zu beweisen, daß sie zu allem entschlossen ist, bewirbt sie sich sogar bei der Polizei. »Paß mal auf, Nicola«, sagt sie ihm eines Tages, »ich mache jetzt diesen Aufnahmewettbewerb. Und ich hoffe, es zu schaffen. Und wenn ich es schaffe, dann bist du der erste, den ich anzeigen werde.« Nicola reagiert auf diese Ankündigung wie der Teufel auf das Weihwasser. Seine Frau bei den *sbirri*? Den Schergen, wie die Mafia die Polizei nennt. Wie von Sinnen verprügelt er Piera: Ob sie ihn zum Gespött der Leute machen will? Soll man mit Fingern auf ihn zeigen und sagen »Der Arme hat jetzt eine Spionin im eigenen Haus sitzen«? Aber Piera läßt sich auch durch Schläge nicht von ihrem Plan abbringen: »Du kannst mich umbringen, aber ich zeige dich trotzdem an.« Ungerührt fährt sie nach Rom zur Aufnahmeprüfung. Ihr Vater schenkt ihr das Geld für die Reise und schlägt vor, auf die kleine Enkelin aufzupassen. Da ist Nicolas Stolz gekränkt. Er paßt selbst auf die Tochter auf. Das, findet Piera, ist schon ein kleiner Sieg.

Was versucht sie nicht alles, um Nicola zu ändern: Sie zertrümmert Geschirr, mal umschmeichelt sie ihn schnurrend wie eine

Katze, mal droht sie ihm bitterernst. Aber keine Sekunde denkt sie daran, ihn aufzugeben. Denn so gerne Nicola den Helden spielt, den furchtlosen Rächer – nach jedem Mordversuch vertraut er sich Piera an, fast als erwarte er eine Absolution von ihr.

Aber als Vita Maria die Pistole ihres Vaters findet, da ist selbst Pieras Geduld am Ende. Wenn Nicola nachts nach Hause kommt, legt er seine Waffe in der Nachttischschublade ab. Wie alle Kleinkinder war ihre Tochter herumgekrabbelt und hatte Schubladen ausgeräumt.

Natürlich weiß Piera, daß Nicola immer eine Pistole bei sich trägt, er trägt sie im Gürtel, hinten in die Hose gesteckt. Alle seine Hemden haben an der gleichen Stelle diesen typischen Ölfleck. Wie oft hat sie sich über diese Flecken geärgert, die man nicht mal mit Benzin wieder herauskriegt. Aber nie hatte sie ein Wort dazu gesagt, als wolle sie verdrängen, daß Nicola keinen Schritt mehr ohne Pistole macht – so wie man zu übersehen versucht, daß der andere ein hoffnungsloser Trinker ist: einfach die Augen schließen. Erst als Vita Maria die Waffe in der Hand hält, sieht Piera ein, daß sie nichts mehr beschönigen kann: Für Nicola gibt es keine Zukunft, keine Familie, für ihn gibt es nur *vendetta*.

Soll sie ihn verlassen, einfach einen Schlußstrich ziehen unter dieses Leben, das keines ist? Ist nicht all ihr Bemühen, ihn zu ändern, sinnlos? *Chi nasce quadrato, non può morire rotondo* – wer quadratisch zur Welt kommt, kann nicht rund sterben, sagt sie höhnisch im Streit zu Nicola: einmal Mafioso, immer Mafioso. Aber sie wäre keine Sizilianerin, wenn sie nicht doch glaubte, ihren Mann ändern zu können. Eine Chance will sie ihm noch geben.

Sie versucht Rita zu ihrer Verbündeten zu machen. Rita, die Schwägerin, soll Piera helfen. Wenn jemand Einfluß auf Nicola hat, dann ist das seine Schwester. Ihr vertraut er, ihr erzählt er alle seine Pläne. Pietra setzt sich ins Auto und fährt nach Sciacca. Vor der Schule wartet sie auf Rita. Piera ist ernst, so ernst, wie Rita sie noch nie gesehen hat. »Ich habe Angst. Ich halte es nicht mehr aus«, sagt sie zu ihr. »Wenn sich nicht bald etwas ändert, nehme ich das Kind und haue ab. Um nichts kümmert er sich, er hat nur noch seine Freunde im Kopf. Wenn er aus dem Haus geht, weiß ich nie, ob er lebend zurückkommt. Sprich du mit ihm. Vielleicht kannst du ja etwas erreichen.«

Nicolas Rachepläne sind zwar für Rita sakrosankt, aber dennoch verspricht sie Piera, den Bruder ins Gebet zu nehmen. Vielleicht kann er ja etwas vorsichtiger sein, sich weniger vertrauensselig mit dubiosen Freunden umgeben, sonst ist er am Ende das Opfer und nicht der Täter. Sie versteht Pieras Ängste, aber mehr noch versteht sie die blinde Wut, die Nicola treibt.

»*Rituzza*, meine Kleine, was gibt's?« fragt Nicola, als er das besorgte Gesicht seiner Schwester sieht. Aber sie läßt sich nicht von dem Großen-Bruder-Gehabe beeindrucken. So streng wie möglich will sie mit ihm reden. Was ihn eigentlich dazu bringe, seinen sogenannten Freunden blindlings zu vertrauen? Er weiß doch genau wie Rita, was für miese Typen das sind: Dealer, die mit den Accardos unter einer Decke stecken. Aber Nicola läßt sich in seine Freundschaften auch nicht von Rita reinreden: »Diese Freunde«, sagt er, »haben mir schon oft geholfen. Sie haben mein ganzes Vertrauen. Macht euch keine Sorgen um mich, ich weiß schon, was ich tue.«

Als Beweis dafür, daß keinerlei Gefahr besteht, läßt Nicola nach dieser Unterredung sogar endlich ein Telefon in der Wohnung installieren. Bis vor kurzem noch hatte er sich strikt geweigert, eines anschließen zu lassen. Jedesmal kam es zum Streit, wenn Piera das Thema nur anschnitt. »Du bist wahnsinnig, jeder kann dann anrufen und nachprüfen, ob ich zu Hause bin«, hieß es immer. Das Telefon – wieder ein kleiner Sieg für Piera? Sie schöpft von neuem Hoffnung: Vielleicht wird ja doch alles gut, vielleicht kann ich ihn sogar überzeugen, Sizilien, nein, Italien zu verlassen? »Laß uns ins Ausland gehen«, bettelt sie, »nach Deutschland, in die Schweiz, egal, irgendwohin, Arbeit findet man immer.«

Aber Nicola denkt nicht daran, aus Sizilien wegzugehen. Abzuhauen wie ein Feigling? Sich einfach aus dem Staub machen, nach all dem, was passiert ist? Kein Gedanke. »*Voglio morire come un uomo*«, sagt er zu Piera. »Ich will wie ein Mann sterben«, und er meint es ernst.

7

Chronik einer angekündigten Rache

Nicola glaubt, die Fäden in der Hand zu haben. Die Accardos sind ihm wohlgesonnen, seitdem er für sie mit Marihuana und Heroin dealt. In Partanna und den umliegenden Dörfern des Belice-Tals ist zwar kein großes Geschäft zu machen, aber es reicht aus, um sich bei den Accardos unverdächtig zu machen. Nicola ist stolz auf den Pakt mit dem Teufel: Man vertraut ihm, einem Atria, dem Sohn Don Vitos. Und den Accardos wird er beweisen, daß man einen Atria nicht ungestraft abknallen kann.

Das Wichtigste ist, die richtigen Freunde zu haben – und Nicola ist überzeugt, eine gute Wahl getroffen zu haben: Vito, Mauro, Domenico – allesamt *picciotti* aus dem Clan der Accardos, junge, ehrgeizige Mafiosi, die die richtigen Leute kennen. Vincenzo Tamburello und Vito Mistretta zum Beispiel, die Waffenhändler der Accardos. Wenn die Accardos wüßten, daß sie auch ihn, einen Atria, beliefern, dann wären die beiden erledigt. Trotzdem haben sie ihm eine schwarzglänzende Kalaschnikow verkauft. Dazu noch eine 38-Kaliber-Pistole, eine von dem Kaliber, das am Tatort keine verdächtigen Hülsen hinterläßt. Und sie haben Nicola gezeigt, wie man aus dem alten Gewehr, das Don Vito ihm damals zum 17. Geburtstag geschenkt hat, eine *lupara* macht: Zu Hause im Keller sägen sie den Lauf ab – mit der Black & Dekker des Schwiegervaters. Mit kurzem Lauf, belehrt ihn Vincenzo, kann man besser aus der Nähe zielen. Mit der Ladung aus Bleikugeln wird jeder Schuß zum Treffer. »La rosa« nennt man das Einschußloch, das die *lupara* hinterläßt: die Rose, Mafia-Poesie.

Vincenzo Tamburello hat Nicola oft einen Gefallen getan, obwohl es für ihn wirklich gefährlich ist: Das ist der Vertrauensbeweis für Nicola. Und wenn Domenico Eletto ihm nicht gesagt hätte, daß der Killer seines Vaters Carlo Favara heißt, dann würde Nicola immer noch im dunkeln tappen. Carlo Favara wurde von den Accardos als Killer gedungen – 500000 Lire zahlen sie ihm für einen Mord. Don Vito war für ihn nur ein Auftrag unter vielen.

Es kam heraus, als Favara eines Nachmittags in Nicolas Bar in Montevago auftauchte, Nicola servierte ihm einen Espresso – so wie allen anderen Gästen auch. Piera unterhielt sich sogar mit ihm. Sie kannte Favaras Schwester und ließ sich ihre Adresse geben. Domenico konnte es nicht fassen: »Der Killer deines Vaters kommt in deine Bar – und du servierst ihm auch noch seelenruhig einen Espresso?« Da wurde Nicola ganz weiß vor

Wut, später reißt er Piera den Zettel mit der Adresse aus der Hand und schreit: »Du wirst sehen, morgen ist der Favara tot.« Jetzt, als er weiß, wer der Killer ist, will Nicola keine Zeit mehr verlieren.

Rita ist mißtrauisch, als ihr Bruder nach Sciacca kommt und ihr erzählt, daß er endlich denjenigen kennt, der ihren Vater umgebracht hat. »Wenn sie Favara verraten, warum sollen sie dich dann nicht auch verraten?« fragt sie ihn besorgt. Sie findet sein Vertrauen leichtsinnig. Aber Nicola beruhigt sie. Seine Taktik ist die richtige, meint er: »Weißt du, *Rituzza*, man muß nur den richtigen Leuten ein bißchen Geld geben – und man kriegt heraus, was man wissen will.«

Schließlich ist da auch noch Michele Mauro, sein Leibwächter, wie ihn Nicola nennt. Mit Michele berät er sich über jeden Schritt. Und Michele ist es auch, der Favara immer wieder in die Bar nach Montevago mitbringt. Favara ist arglos. Nicola will seine Arglosigkeit ausnutzen, bevor er Verdacht schöpft. Der Plan ist so einfach wie überzeugend: Michele soll nachts zusammen mit Favara in der Bar auftauchen. Dann wollen sie mit ihm zusammen durch die Gegend streifen. Favara würde keinen Verdacht schöpfen, es war nichts Ungewöhnliches, schon oft waren sie nachts über die Felder gelaufen, durch die Weinberge und Olivenhaine, sie hatten Wetten abgeschlossen, wer die meisten Hasen abschießen würde. Nicola ist sich sicher: Falls Favara in dieser Nacht merken wird, daß er der Hase ist, dann wird es für ihn zu spät sein.

Fast drei Uhr nachts ist es. »Wartet auf mich«, sagt Nicola, »ich schließe nur kurz ab, dann machen wir noch eine Runde.« Endlich ist der Augenblick gekommen, auf den Nicola seit Jahren wartet: dem Mörder seines Vaters in die Augen zu blicken und den Abzug zu drücken. Es ist eine klare Nacht, der Mond leuchtet wie ein riesiger Scheinwerfer – zu hell für Nicolas Plan. Aber jetzt gibt es kein Zurück mehr. »Bück' dich, da läuft ein Hase«, ruft er Favara zu und drückt den Abzug seiner Pistole. Der Schuß verfehlt sein Ziel. Nicola ist ein ungeübter Schütze, Favara hat sich schneller als erwartet gebückt. Jetzt rennt er weg, über die Felder, Nicola schießt noch ein paarmal in der Dunkelheit hinter ihm her – wütend über seine eigene Ungeschicklichkeit.

Im Morgengrauen kommt er nach Hause. Piera ist wach. Sie hat die ganze Nacht auf ihn gewartet. Zitternd erzählt ihr Nicola alles. Daß es so gut geplant war und daß er Favara nur knapp verfehlt hat. Wie ein Sturzbach strömt es aus ihm heraus. Jeden Satz spuckt er aus. Er will alles so schnell wie möglich loswerden, langsam wird er wieder ruhiger. Die Angst läßt nach. Piera schweigt. Nicola legt sich ins Bett, Piera zieht sich an und macht sich für die Arbeit bereit: Bald stehen die ersten Gäste vor der Tür. Bevor sie das Haus verläßt, sagt sie nur »Sei vorsichtig« zu ihrem Mann.

Nicola weiß, daß der Wettlauf mit dem Tod begonnen hat. Mit dem mißlungenen Mordversuch hat er sich die Schlinge um den eigenen Hals gelegt: Wenn es ihm jetzt nicht gelingt, Favara so schnell wie möglich umzubringen, wird Favara ihn ermorden. Beim nächsten Mal muß es klappen.

Michele Mauro will ihm helfen. Jeden Morgen um sechs wird der »Leibwächter« Nicola anrufen, das ist so verabredet. Er unterrichtet ihn von den Plänen der Accardos. Er hält ihn über alles auf dem laufenden, und wenn er sagt: »Paß auf, Favara treibt sich herum«, dann weiß Nicola, daß es besser ist, das Haus nicht zu verlassen. »Beim nächsten Mal muß ein Profi dabei sein«, rät ihm Mauro. Er kennt da einen, der mit der Maschinenpistole umgehen kann wie kein zweiter. Zwei Millionen Lire kostet der Einsatz, gezahlt wird erst, wenn Favara erledigt ist. Nicola ist einverstanden. Eine todsichere Sache.

Zunächst wird ein Auto organisiert: Nicola ist von der Fingerfertigkeit seines Freundes beeindruckt, der am hellichten Tag mitten in Santa Margherita di Belice einen funkelnden neuen Golf knackt: Blau-metallic ist der Wagen, mit Hifi-Anlage und allem Schnickschnack. In einer Scheune montieren Nicola und Mauro alles Zubehör aus. Der Wagen soll sofort nach dem Mord verbrannt werden.

Nicola, der Killer und Mauro verabreden sich für den Nachmittag: An einer Straßenbiegung hinter einer kleinen Mauer wollen sie Favaras Fiat abpassen. Die Exekution soll stattfinden, wenn Favara nachmittags mit seiner Frau und den Kindern von den Schwiegereltern zurückkommt. Als Nicola das Haus verlassen will, hängt ihm ein Stück Nylonstrumpf aus der Jackentasche. »Wozu ist der gut?« fragt ihn Piera. »Ich erzähl's dir später«, antwortet Nicola und verschwindet.

Nicola ist mit der 38-Kaliber-Pistole bewaffnet, Michele Mauro hat das Gewehr dabei und der Killer die Maschinenpistole. Sie ziehen sich die Strümpfe über das Gesicht und verstecken sich hinter einem Mauervorsprung, die Waffen im Anschlag. Als Favaras Auto um die Ecke biegt, dämmert es schon. Favara sitzt auf dem Beifahrersitz. Aber zum Zielen bleibt keine Zeit. Als sie hinter der Mauer vorspringen, hat sich Favara schon geduckt. Michele schießt, Nicola schießt, die Maschinenpistole rattert los, aber der Fahrer tritt aufs Gas. Als die ersten Kugeln einschlagen, ist das Auto schon fast außer Reichweite. »Favara ist wie eine Katze – der hat sieben Leben«, sagt Michele Mauro lapidar. Später stellt sich heraus, daß Favara nicht mal verletzt wurde. Zweimal hat Nicola versucht, ihn umzubringen, zweimal hat es nicht geklappt. Die Schlinge zieht sich enger: Favara wird reagieren.

Jetzt hat Nicola Angst. Angst, so zu sterben wie sein Vater. Von hinten abgeknallt zu werden, erbärmlich zu krepieren – mit dem Gesicht in Blut und Straßenstaub. Fast hysterisch schreit er Piera an: Nur Unglück bringe sie ihm, nur ihren verdammten Verwünschungen sei es zu verdanken, daß Favara auch das zweite Attentat überlebt habe.

Favara zögert nicht lange mit einer Antwort. Erst trifft es Domenico Eletto, Nicolas Freund. Man findet ihn in einem Brunnen, seine Leiche ist in einen Plastiksack verschnürt – die Strafe für einen Schwätzer. Nicola hat kaum noch den Mut, das Haus zu verlassen. Ganze Nachmittage verbringt er in der Wohnung der Schwiegereltern. Hinter den schräggestellten Jalousien beobachtet er, wer in seiner Bar ein und aus geht. Immer öfter bleiben Piera und Nicola sogar über Nacht bei den Schwiegereltern. Damit die nicht mißtrauisch werden, erfindet Piera Vorwände für die plötzliche Anhänglichkeit: Sie wollen vermeiden, daß die Kleine sich erkältet, wenn sie sie nachts nach Feierabend von den Schwiegereltern nach Hause bringen, ohne das Kind könne sie nicht schlafen, und ohnehin sei es so praktisch, weil sie am Morgen ja nur über die Straße laufen müsse, um die Bar zu öffnen.

Dann wird Michele Mauro erschossen. In

der Bar »Kristal« im Nachbardorf Santa Margherita di Belice. Als Nicola von dem Mord an seinem Vertrauten erfährt, sagt er zu Piera: »Ich bin verloren.«

Nicola ist klar, daß Micheles Killer auch ihn erwarteten. Er war mit Michele in der Bar »Kristal« verabredet gewesen. Weil Nicola sich verspätet hatte, war er gar nicht aus dem Wagen ausgestiegen, sondern hatte nur kurz vom Auto aus mit Michele gesprochen.

Nicht mal Rita gegenüber gelingt es Nicola mehr, das übliche Siegerlächeln aufzusetzen. Er hat Todesangst. Zitternde, unmännliche Angst. Angst, die ihm aus jeder Pore kriecht. Rita spürt es besorgt, als ihr Bruder sie in Sciacca von der Schule abholt. Seit dem Mord an Domenico und Michele scheint Nicolas blindes Vertrauen in die Unverbrüchlichkeit seiner Freundschaften erschüttert. Irgend jemand muß geredet haben. »Niemandem darfst du trauen«, versucht ihm Rita wieder einzuhämmern, wie oft hat sie ihm das schon gesagt. Aber da grinst Nicola schon wieder und sagt beruhigend zu seiner kleinen Schwester: »Ich bin der erste, der erfährt, wenn mich jemand verrät. Gegen Geld kann ich mir jede nötige Information verschaffen.« Da hat er nur noch einen Monat zu leben.

Auf der Fahrt nach Montevago spricht Nicola kaum, seine Augen sind auf den Rückspiegel fixiert. Plötzlich brüllt er »Duck dich« und rast mit durchgetretenem Gaspedal los.

Rita dreht sich trotzdem um und sieht einen weißen Fiat Tipo hinter sich, der aber bald die Verfolgungsjagd aufgibt.

Vor diesem weißen Fiat Tipo hatte ihn Vincenzo Tamburello erst vor ein paar Tagen in Partanna gewarnt: Piera und Nicola waren mit ihrer kleinen Tochter von Montevago gekommen, um dem Umzug auf dem Corso Vittorio Emanuele zuzuschauen. Der heilige Vito wurde gefeiert, Partannas Schutzpatron. Das ganze Dorf war auf den Beinen, Nicola war heiter und schien für ein paar Stunden sogar fast seine Angst zu vergessen. Er erstarrte, als ihn Vincenzo beiseite nahm, um ihm zuzuflüstern: »Sei vorsichtig, Nicola, in Castelvetrano wurde ein weißer Fiat Tipo geklaut.« Nicola wußte selbst zu gut, was das bedeutet: Im Belice-Tal werden Autos nur geklaut, um sie für ein Attentat zu benutzen und danach zu verbrennen.

Nicola versucht, sich unsichtbar zu machen. Unterzutauchen, bis die Gefahr vorüber ist. Zuerst wird die »Bar Italia« verkauft. Nicola hat endlich Pieras Drängen nachgegeben und sich auf eine Stelle als Museumswächter in Siracusa beworben. Im September soll er anfangen. Piera ist glücklich über die Aussicht wegzukommen, weg aus Montevago, aus dem Dunstkreis der Mafia Partannas. Jetzt muß nur noch der Sommer überstanden werden. Nicola hat eine Idee: Ein Freund ist gerade aus Deutschland zurückgekommen und will in Montevago eine Pizzeria aufmachen. »Wir helfen ihm in den ersten Monaten in der Pizzeria aus. So kriegen wir den Sommer rum und verdienen uns noch etwas Geld dazu«, sagt Nicola begeistert. Piera ist zögerlich. Nach den beiden mißlungenen Attentaten auf Favara sieht sie immer öfter Partannesen in Montevago auftauchen. »Es ist besser, wenn man uns nicht zu oft sieht«, sagt sie zu Nicola. Auch er weiß: Wenn er einer geregelten Arbeit an einem festen Ort nachgeht, wird er zur lebenden Zielscheibe. Aber Nicola will unbedingt den Sommer über in dieser Pizzeria arbeiten. Er versteift sich so darauf, als ob sein ganzes Glück davon abhinge. Piera gibt nach.

Die Pizzeria »Europa« läuft schon vom ersten Tag an wie geschmiert. Auch am Montag, dem 24. Juni, drei Tage nach der Eröffnung, ist jeder Platz besetzt. Piera hat frei, am Abend kommt sie nur kurz mit der kleinen Vita Maria vorbei, Nicola backt seiner Tochter eine kleine Pizza in Herzform. Keiner hat an einem Montag mit so vielen Gästen gerechnet: Nicola bittet Piera, die Kleine zu den Schwiegereltern nach Hause zu bringen und ihm in der Küche zu helfen, bis der erste Ansturm vorüber ist. Piera seufzt, eigentlich wollte sie den Abend gemütlich vor dem Fernseher verbringen. Aber gut. »Mach' schnell«, sagt Nicola zu ihr, als sie aufbricht, »komm sofort zurück.«

Ein paar Minuten später ist Piera wieder da, Nicola kommt ihr im Lokal entgegen: »Beeil dich, die Gäste warten schon!« Rasch zieht sie sich einen Kittel an und geht in die Küche, die so winzig ist, daß man sich kaum in ihr drehen kann. Auf sechs Quadratmetern ist alles Notwendige untergebracht: Kühlschrank, Herd, Mikrowelle, Geschirrspülmaschine. Nicola nimmt das Fleisch aus der Gefriertruhe und stellt es zum Auftauen in die Mikrowelle. Da hört Piera hinter sich den Vorhang rascheln, der die Küche vom Lokal trennt. Sie dreht sich um. Vor ihr steht ein kleiner Typ, mit einem Gewehr im Anschlag. Er trägt eine grüne Tarnjacke, über den Kopf hat er eine Kapuze gezogen, mit zwei Sehschlitzen. Das Gewehr in seinem Arm ist auf Nicola gerichtet. Hinter dem Vorhang sieht Piera einen zweiten Killer stehen. Etwas größer ist er, breitbeinig steht er da, den Finger am Abzug seines Gewehrs. Beide schweigen. »Nico«, sagt Piera leise zu ihrem Mann. Nicola dreht sich um. Er ist unbewaffnet, die Pistole hat er im Auto gelassen. Er hebt die Hände, als wolle er sich ergeben und sagt: »Faßt meine Frau nicht an.« Es sind seine letzten Worte.

Die Mörder wollen ganz sicher gehen: Sie schießen ihm in die Brust, die Schulter, in den Rücken. Die kleine Küche ist blutverschmiert, der Kühlschrank von Einschüssen durchsiebt. Nicola liegt schon regungslos am

Boden, da tritt der zweite Killer ganz nah an ihn heran. Er blickt zu Piera herüber, dann schaut er Nicola in die Augen und schießt ihm ins Gesicht.

Nach einer Minute ist alles vorbei. Die Gäste, die unter den Tischen in Deckung gehen mußten und von zwei anderen Bewaffneten bewacht wurden, schreien nach der Polizei und laufen durcheinander. Kinder klammern sich an ihre Mütter. Nur Piera ist stumm. Ihr Kittel ist blutdurchtränkt. Ruhig geht sie durch das Lokal, setzt sich in ihr Auto und fährt langsam nach Hause.

8

Pieras Entscheidung

Als habe die endgültige Gewißheit des Todes eine Last von ihr genommen, wirkt Piera gefaßt. So gefaßt, daß sie den Partannesen suspekt ist: eine junge Witwe, kaum 24 Jahre alt, die weder weint noch schreit, sondern stumm mit erhobenem Kopf hinter dem Sarg ihres Mannes herschreitet. An der Hand hält sie ihre kleine Tochter. Das ist so ganz anders, als man es von den sizilianischen Witwen kennt, die bei der Beerdigung ihrer ermordeten Männer noch den Sarg umklammern, bereit, ins Grab zu folgen. Giovanna Atri, Pieras Schwiegermutter, trauert lautstark. Sie rauft sich die Haare und beweint ihren Sohn – und das, obwohl sie selbst bei der Beerdigung ihres Mannes nicht mal eine Träne vergossen hat. Piera wendet sich angewidert von der trauernden Schwiegermutter ab. Ein Spektakel für das Dorf, denkt sie: Was soll jetzt die Heulerei, wenn sie kein Wort mit Nicola gesprochen hat, als er noch lebte?

Wie sie nach den tödlichen Schüssen nach Hause gekommen ist, weiß Piera nicht. Als sie in der Tür steht, sagt sie ruhig zu ihren Eltern: »Nicola ist tot. Sie haben ihn erschossen. Vor meinen Augen.« Selbst Pieras Mutter erschreckt die Ruhe, mit der ihre Tochter mit dem Tod von Nicola umzugehen scheint. Sie läßt sich nicht umarmen. Sie weint nicht. Sie beantwortet keine Fragen, sondern nimmt das Telefon und versucht, Rita und die Schwiegermutter anzurufen. Es ist besetzt.

Sie kann nicht abwarten, bis die Leitung wieder frei ist. Sie ruft ihre Cousine in Partanna an, von der Piera weiß, daß sie sich auf sie verlassen kann. »Du darfst jetzt nicht weinen«, sagt sie zu ihr mit fester Stimme. »Man hat Nicola umgebracht. Tu mir nur einen Gefallen: Hol' meine Schwiegermutter und Rita ab. Bring sie nach Montevago.« Ohne eine Antwort abzuwarten, legt sie wieder auf. Sie steigt in das Auto und fährt zurück zur Pizzeria »Europa«. Nicola liegt immer noch in seinem Blut, in dem engen Gang zwischen Herd und Kühlschrank, zwischen zertrümmerten Tellern, Spaghettiresten, Auberginenscheiben. Sein Kopf ist auf die Seite gefallen, so daß man nur die Gesichtshälfte sehen kann, die unverletzt ist. Erstaunt blickt er, fast wie ein Kind. Piera denkt daran, daß Nicolas letzter Satz bei den Auseinandersetzungen der letzten Monate oft *Voglio morire come un uomo* gewesen war. »Ich will wie ein Mann sterben.« Und jetzt liegt er da, mit den erstaunten Augen eines Kindes.

Inzwischen ist die Polizei eingetroffen, man vernimmt Zeugen, notiert Adressen, versucht Fingerabdrücke zu sichern. Bald kommen auch Rita und ihre Mutter, die Mutter jammernd und weinend, Rita still. Als Pieras Cousine sie in Partanna abholte, sagte sie ihnen nur: »Piera will Sie dringend sprechen.« Ohne Erklärung. Sie war nicht nötig – beide ahnten schon, was passiert war. Auf der ganzen Fahrt nach Montevago haben sie kein Wort gewechselt. Erst vor den Carabinieri verliert Rita ihre Beherrschtheit und schreit: »Warum habt ihr meinen Bruder nicht beschützt? Warum habt ihr zugesehen? Ihr wußtet doch genau, daß man ihn umbringen wollte.« Bevor sie noch mehr sagen kann, hat ihre Mutter sie schon beiseite gezogen und zischt ihr ein »Halt' den Mund« zu.

Schnell hat sich die Nachricht von Nicolas Tod herumgesprochen, auch Pieras Verwandte haben sich am Tatort versammelt. Nicolas Leiche wird abtransportiert, zur Autopsie ins Gerichtsmedizinische Institut von Sciacca. Piera besteht darauf, selbst hinter dem Sarg herzufahren. Ihren Onkel, der nur besorgt sagt: »Du kannst doch jetzt nicht etwa fahren«, herrscht sie an: »Du kannst bei dir zu Hause herumkommandieren, nicht hier. Mein Auto fahre ich allein.«

In der Leichenhalle von Sciacca wird Piera von einer Frau erwartet: Morena Plazi, Ermittlungsrichterin am Gericht von Sciacca. Klein, dunkelhaarig, in einem schlichten Kostüm. Sie nimmt Pieras Hand und drückt ihr

Beileid aus. »Ich bin mit den Ermittlungen im Mordfall Ihres Mannes beauftragt worden«, sagt sie ihr. Piera kann nicht ahnen, daß diese Richterin in ihrem Leben wieder auftauchen wird.

Nicolas Mutter ist Piera nicht einen Augenblick lang von der Seite gewichen. Sie will das Undenkbare, das sie ahnt, verhindern: Das verdammte Luder wird nicht dazu kommen, mit der Richterin zu reden. Am Ende erzählt sie Dinge, von denen sie nichts versteht. Zuzutrauen ist ihr alles.

»Das Schicksal deines Mannes ist dein Schicksal«, heißt es in Sizilien – und für Giovanna Atria bedeutet das Schweigen. Schweigen, auch wenn man die Mörder des eigenen Mannes kennt. Schweigen, auch wenn man im Innersten nach Rache schreit. Das sind die Gesetze der Cosa Nostra – »Unserer Sache«, wie die Mafiosi die Mafia nennen.

Morena Plazi spürt, daß sie mit Piera nicht sprechen kann, solange die Schwiegermutter neben ihr steht. Sie schreibt ihre Telefonnummer auf einen Zettel und reicht ihn Piera mit den Worten: »Sie können mich jederzeit anrufen.« Noch bevor Piera »Danke« sagen kann, zerrt Giovanna Atria sie weg. »Eines sage ich dir«, sagt sie zu Piera, so laut, daß auch die Staatsanwältin sie hören kann, »wenn du was erzählst, schlage ich dir dein Gesicht ein.« Und Piera schweigt.

Nichts ist gefährlicher für die Mafia als

trauernde Witwen. Frauen, die in ihren innersten Gefühlen getroffen werden, das weiß jeder Mafioso, kennen keine Regeln mehr, keine Cosa Nostra, keine Verschwiegenheit. Auf diese Frauen muß man aufpassen. Sie sind unberechenbar. Zu allem fähig. Nicht mal eine *vendetta* reicht ihnen. Sie wollen mehr als Blut sehen: Sie wollen Gerechtigkeit. Und das ist das Schlimmste, was der Mafia passieren kann. Rachsüchtige Witwen waren die ersten, die zu *pentite* wurden, zu Abtrünnigen der Mafia. Mit ihren Aussagen haben sie der Justiz wertvolle Informationen geliefert, Informationen, die erstmals die Mauer des Schweigens durchbrochen haben, eine Verschwiegenheit, die über den Tod hinaus Gültigkeit hat.

Und Piera hat etwas zu sagen, sie hat die letzten Monate miterlebt – die Monate der Agonie. Als Nicola vergeblich um sein Leben kämpfte. Piera weiß, wer Nicolas Mörder sind. Zumindest einen hat sie erkannt: Carlo Favara. Der den letzten Schuß in Nicolas Gesicht abgab, als er schon tot am Boden lag, das war Favara. Der Mörder von Don Vito, der Nicolas Versuche, ihm nach dem Leben zu trachten, alle überlebt hatte.

Es waren seine Hände, die ihn verraten haben. Dunkle, sonnengegerbte, knochige Hände. Diese mageren Hände waren ihr gleich zum ersten Mal in der »Bar Italia« aufgefallen, als er seinen Espresso umrührte.

Die Familie Atria bei Nicolas Hochzeit, von links nach rechts: Rita, ihre Schwester Annamaria, ihre Mutter Giovanna und ihr Vater Don Vito.

Don Vito, Nicola und Giovanna Atria.

Nicola Atria bei seiner Hochzeit mit der damals zwölfjährigen Rita.

Nicola Atria mit seiner kleinen Tochter Vita Maria.

Partanna – Blick vom Castello.

Die Kirche »Chiesa della Trasfigurazione« am Corso Vittorio Emanuele in Partanna.

Ritas Elternhaus in Partanna.

Straßenszene in Partanna.

Die »Bar Italia« in Montevago, die von Piera und Nicola bewirtschaftet wurde.

Der Grabstein von Ritas Vater, Don Vito. Er trägt die Inschrift: »Die Zeit vergeht, die Erinnerung bleibt«.

Er hatte gewollt, daß sie ihn erkennt: Bevor er abdrückte, hatte er sich noch einmal zu Piera umgedreht und in ihre Augen geblickt.

Dieses Wissen macht sie gefährlich. Piera ahnt, daß sie sich in den Wochen nach dem Mord an Nicola in einem Fadenkreuz bewegt. Man wird sie beobachten, um herauszufinden, wie sie reagiert. Will sie Rache? Oder wird sie schweigen über das, was sie weiß? Nur wenige Tage nach der Beerdigung klingelt eines Abends das Telefon. Eine Männerstimme meldet sich: »Für 20 Millionen Lire bringen wir Nicolas Mörder um. Bist du interessiert?« Piera hat mit diesem Anruf gerechnet. Sie weiß: In der *vendetta* sieht die Mafia das einzige Mittel, um die Unberechenbarkeit einer Witwe zu bändigen. Sind die Mörder ihres Mannes erst umgebracht, so hofft man, wird die Frau wieder Ruhe geben und schweigen. Piera will aber mehr. Nicolas Mörder einfach sterben zu lassen – das ist ihr zuwenig. »Nein«, sagt sie dem anonymen Anrufer. »Nein, ich bin nicht interessiert«, und legt auf.

Jetzt sind die Fronten klar. Piera will keine *vendetta*, also will sie mehr. Die erste Warnung läßt nicht lange auf sich warten. Ein paar Tage später verbrennen die Felder und die Scheunen von Nicolas Erbteil: Brandstiftung. In Piera wächst die Wut. Eine hilflose Wut auf die ewigen Sieger, auf die selbsternannten Herren über Leben und Tod.

Wut, daß man sie zum Schweigen verdammen will.

Ihre Gegner lassen ihr keine Ruhe. Wieder klingelt das Telefon. Eine Stimme sagt zu ihr: »Ich bin ein Freund. Ich will dir nur eines sagen: Du gehörst zur Mamma. Entweder bleibt du bei der Mamma oder du stirbst mit ihr.« Dann wird aufgelegt.

9

Verlorene Ehre

Nach dem Tod von Nicola hat Rita ihr Zimmer in Sciacca aufgegeben. Es bedeutet ihr nichts mehr, unabhängig zu sein. Sie wohnt jetzt wieder bei der Mutter und fährt jeden Tag zur Schule, eine Stunde hin, eine Stunde zurück. Spaß macht ihr die Hotelfachschule nicht mehr: Was soll der Traum vom schönen Leben in Hotels und fremden Ländern, wenn dich Partanna doch immer wieder einholt? Was sollen Aufsätze über »Die Entwicklung des Tourismus in Sizilien«, wenn sie hier deinen Bruder zusammenschießen wie einen Hund? Aus diesem Leben, so scheint es Rita, gibt es keinen Ausweg.

Rita ist jetzt 16 Jahre alt – und fühlt sich so alt und resigniert wie ihre eigene Mutter. Der Mord an Don Vito, der Mord an Nicola – die Cosa Nostra hat bewiesen, wer der Stärkere ist. *Chi sbaglia, deve pagare* – wer einen Fehler begeht, muß dafür bezahlen. Alltag in Sizilien. Die Toten, die Rita beweint, sind für Partanna unspektakulär. Morde, so normal wie Verkehrsunfälle. Das Leben geht weiter. Die Accardos machen unbehelligt ihre Geschäfte, in den Bars wird mit Kokain und Heroin gehandelt, abends trifft man sich auf der Piazza – Partannas Welt dreht sich weiter in dem Takt, den die Mafia diktiert.

Ohne Nicola, ohne die ersehnten Treffen mit dem Bruder, haben Ritas Tage kein Ziel mehr. Gleichförmig tröpfeln sie dahin.

Morgens um sechs steht sie auf, bereitet sich in der Küche einen Espresso, trinkt ihn im Stehen und geht dann zum Corso Vittorio Emanuele. Um sieben Uhr fährt der Bus nach Sciacca. Manchmal trifft sie morgens in der kleinen Grünanlage an der Bushaltestelle schon die ersten Dealer, junge Männer, kaum älter als Rita. Selbst im Morgennebel verzichten sie nicht auf ihre schwarzen Ray-Ban-Brillen, hastig ziehen sie an den Zigaretten, als könnten sie mit jedem Zug Männlichkeit einatmen. Sie treffen ihre ersten Kunden hier, denen sie die kleinen weißen Tütchen verkaufen, die Rita nur allzugut kennt. Manche dieser jungen Männer sind mit Rita zur Grundschule gegangen, beiläufig grüßen sie.

Während der Busfahrt nach Sciacca sitzt Rita grübelnd in ihrem Sitz. Seit Nicolas Tod hat sich Rita gegenüber ihren Mitschülern in der Hotelfachschule noch mehr verschlossen: Wer von diesen Mädchen kann ihre Probleme schon nachvollziehen? Was können sie verstehen von der verlorenen Ehre einer Atria? Davon, wie es ist, wenn Vater und Bruder den gleichen kläglichen Tod sterben? Davon, daß alles in ihr nach Rache schreit? Nichts. Gar nichts können sie verstehen.

Um fünf Uhr geht es mit demselben Buch wieder zurück. Manchmal hat ihre Mutter am Abend etwas zu essen bereitet, eine Caponnata vielleicht, den sizilianischen Eintopf aus Tomaten, Paprika und Auberginen. So etwas hält sich eine Woche. Die Abendessen sind das schlimmste. Stumm sitzt Rita da, an dem blankgeputzten Tisch in der Küche, unter dem grellen Licht der Neonröhre, stopft gedankenlos das Essen in sich hinein und läßt das Gejammere der Mutter über sich ergehen: Wie schwer sie es hat als Witwe, daß sich niemand mehr richtig um das Land kümmert, und daß der Traktor, den ihr Nicola verkauft hat, eigentlich ein Schrotthaufen ist. »Er wußte, daß der Motor nichts mehr taugt«, sagt sie lauernd zu Rita. Nicht mal die Toten läßt sie in Ruhe, denkt Rita, aber sie reagiert nicht. Es ist sinnlos. Nach Nicolas Tod hat die Mutter nicht mal ein Foto von ihm aufgehängt. Und als Rita eins von Nicola aufhängen wollte, spielte sie verrückt.

Wenn Calògero, der Junge, der sich für Rita interessiert, sie nicht zum Spaziergang auf der Piazza abholt, sind die Abende mit der Mutter schier endlos. Rita vergräbt sich dann in ihre Schularbeiten und stellt den Fernseher an. Egal was für ein Programm, Hauptsache, man muß dieses Gejammer nicht stundenlang ertragen.

Aber selbst die Abende mit Calògero auf der Piazza sind nicht mehr so, wie sie früher waren, als Nicola noch lebte. Früher, da fühlte sie sich anerkannt von den *picciotti*, als eine von ihnen. Eine, vor der man nichts verheimlichen mußte. Aber jetzt hat sich etwas geändert. Ohne einen Mann in der Familie ist der Name »Atria« nur noch halb soviel wert. Einer vergißt sogar, sie zu grüßen. Vito Mistretta, Nicolas Waffenhändler, sein guter Freund, er blickt einfach durch sie hindurch. Er schaut an ihr vorbei, und das, wo er sie sonst nicht nur begrüßte, sondern sogar herzlich in den Arm nahm und kleine Witze mit ihr, der kleinen Schwester von Nicola, machte.

Es kann kein Zufall sein, kein Versehen, daß Vito Mistretta sie nicht gegrüßt hat. In Partanna gibt es kein zufälliges Verhalten. Wenn er wirklich der gute Freund von Nicola gewesen wäre, für den ihn ihr Bruder immer gehalten hat, dann dürfte er nicht so reagieren. Was hatte er vor einer Atria zu verbergen? War es sein schlechtes Gewissen? Aber weswegen?

In beiläufigem Ton fragt Rita Calògero, wo Vito an dem Abend war, an dem Nicola umgebracht wurde. »Er war dabei«, sagt Calògero. Er sagt es nachlässig, wie selbstverständlich, als müsse es Rita doch längst bekannt sein. Die Accardos hatten es befohlen: als Strafe für Vito. Weil er Nicola eine Pistole verkauft hatte, mußte er an dem Killerkommando teilnehmen. Sonst hätten sie Vito umgebracht. Nicola hätte wissen müssen, daß die Mafia keine Freundschaft kennt. Rita nickt still vor sich hin.

Am nächsten Tag trifft sie sich mit Piera in Montevago. Rita schwänzt die Schule und nimmt in Sciacca den Bus nach Montevago. Piera hat ihre Wohnung inzwischen aufgegeben und wohnt wieder bei ihren Eltern. In den Wochen nach Nicolas Tod hatten die beiden jungen Frauen schon oft hier im Wohnzimmer von Pieras Eltern gesessen, im Halbdunkel der Holzjalousien, und über jene Nacht geredet. Darüber, daß Piera diesen Favara an seinen mageren Händen erkannt hat, darüber, daß Nicola den falschen Freunden vertraut hatte. Und daß es jetzt keinen Mann mehr in der Familie Atria gibt, der die *vendetta* fortführen könnte.

Irgend etwas muß man doch tun, drängt Rita. Sie können doch nicht einfach den Vater und Nicola abknallen, und danach geht alles weiter, als wäre nichts geschehen? Piera ist die einzige, der sie diese Gedanken anvertraut. Aber Piera winkt nur ab: »Du hast doch gesehen, was Nicola seine Rache gebracht hat«, sagt sie müde. Rita erzählt ihr von dem Vorfall mit Mistretta und was ihr Calògero anvertraut hat. Piera ist aber überhaupt nicht überrascht.

Seit Nicola tot ist, hat sich Piera verändert, findet Rita. Sie hat ihre Schwägerin immer bewundert. Wegen ihrer Unbefangenheit, mit der sie das Leben in die Hand nahm. Als sie damals Ritas Vater gefragt hatte, ob er Mafioso sei! Rita war da zwar noch ein kleines Kind, aber schon damals hatte sie Piera wegen dieser direkten Art beneidet. Sie sprach Dinge aus, die in ihrer Familie nie ausgesprochen wurden. Sie benutzte nicht die Geheimsprache, mit der man sich sonst in der Familie Atria ausdrückte: Andeutungen, Gesten, Anspielungen, die nur jemand verstehen konnte, der in dieser Familie aufgewachsen war. Piera nannte die Dinge beim Namen, und nicht mal Ritas Mutter konnte sie einschüchtern. In den Wochen nach Nicolas Tod aber hat sie sich verschlossen. Fast apathisch erscheint sie Rita. Nicht mal die Nachricht von der Beteiligung Mistrettas an dem Mord scheint sie aufzurütteln.

»Ich habe mir schon gedacht, daß es Mistretta war«, sagt Piera gleichmütig. »Ich habe ihn gesehen. Der Kleine, der zuerst in der Küche stand und zitterte, als er schoß. Ja, das war Mistretta.« Welchen Wert hat schon die Wahrheit, wenn man schweigt? Sie ist nutzlos. Es gibt nur eine Möglichkeit, die Wahrheit zur Waffe zu machen. Und Piera will sie ergreifen.

Zwei Tage später ruft Rita nach der Schule bei Piera in Montevago an. Piera ist nicht da. Ihre Mutter ist am Telefon. »Piera ist für ein paar Wochen verreist«, sagt sie. »Sie muß sich jetzt etwas erholen, verstehst du?« Rita ist erstaunt. Nie hat sie ihr etwas verheimlicht.

Warum hatte Piera ihr bei dem letzten Treffen gar nichts von Urlaubsplänen erzählt?

Rita fühlt sich im Stich gelassen. Piera war ihre einzige Vertraute. Jedesmal, wenn das Telefon klingelt, läßt Rita alles stehen und liegen und läuft ins Wohnzimmer: Vielleicht ist ja Piera am Apparat? Sie will der Mutter zuvorkommen, denn die hat immer schon etwas gegen die Telefongespräche mit Piera gehabt. Einmal war sie doch tatsächlich so dreist zu sagen: »Rita ist nicht da«, und aufzuhängen, obwohl Rita in der Küche saß. Meist wird Rita enttäuscht: Mal ist es eine alte Tante, mal der Pächter, der mit der Mutter über die Olivenernte sprechen will. Und Rita weiß immer noch nicht, was sich hinter Pieras hastiger Abreise verbirgt.

Ein paar Tage später ist es soweit. Als Rita wie gewohnt zum Telefon stürmt und den Hörer abnimmt, hört sie die Leitung rauschen. Und dann antwortet Piera am anderen Ende. »Was ist denn los? Endlich meldest du dich, wie geht es dir, warum bist du weggefahren?« Rita weiß nicht, was sie zuerst fragen soll, vor lauter Aufregung läßt sie Piera gar nicht zu Wort kommen. »Wo bist du denn?«

»Das kann ich dir nicht sagen«, antwortet Piera.

»Wie, was soll das heißen: Ich kann dir das nicht sagen?« fragt Rita ungeduldig.

»Paß auf«, sagt Piera. »Ich darf eigentlich gar nichts erzählen, aber dir muß ich es sagen:

Ich bin nicht mehr in Sizilien. Und ich werde auch nicht mehr zurückkehren. Ich habe Vita Maria mitgenommen. Ich war bei der Polizei, ja, ich habe mit den Richtern gesprochen, ich erzähle ihnen jetzt alles, was ich weiß.«

Stumm hält Rita den Hörer in der Hand. Sie kann vor Aufregung nicht sprechen.

»*Pronto*, bist du noch dran?« fragt Piera, Rita stößt nur ein heiseres »Jaja« aus.

»Ich konnte es nicht mehr ertragen, Favara und all die anderen zu sehen. Dann habe ich mir gesagt: Sterben ist für sie zu einfach. Verstehst du?«

Rita ist immer noch stumm, sie weiß nicht, was sie sagen soll, ihre Gedanken haben sich verknotet. Piera, ihre einzige Freundin, soll Sizilien verlassen haben?

»Aber du ... kommst du jetzt wirklich nicht mehr nach Partanna, ich meine, nie mehr nach Sizilien, nie mehr nach Hause?«

»Glaubst du, ich will mich umbringen lassen? Nein, ich komme nicht mehr zurück. Du brauchst dir keine Sorgen zu machen, uns geht es gut. Rita, ich muß jetzt Schluß machen, ich kann dir meine Nummer nicht geben, aber ich rufe dich wieder an. Bitte, Rita, sag' niemandem etwas. Auch Calògero nicht. Bis bald.« Piera legt auf.

Rita steht wie starr da, den Telefonhörer hat sie noch in der Hand, als sie die schleppenden Schritte ihrer Mutter hört. Hastig legt sie auf.

10

Piera sagt aus

Natürlich weiß Piera – wie jeder in Sizilien – von den *pentiti*, den »Reuigen«: Mafiosi, die abtrünnig wurden und mit ihren Aussagen die Justiz beim Kampf gegen die Mafia unterstützen. Tommaso Buscetta zum Beispiel, jeder kennt den berühmten *pentito*, »Don Masino«, wie der Boss aus Palermo genannt wurde. Er vertraute sich dem Mafia-Jäger Giovanni Falcone an und machte den berühmten Maxi-Prozeß gegen die Mafia möglich. Der Prozeß der Superlative gegen 475 Mafiosi dauerte ein Jahr, die Anklageschrift war 8000 Seiten lang, die Angeklagten wurden zu 19mal Lebenslänglich und insgesamt 2665 Jahren Gefängnis verurteilt.

Auch Marino Mannoia, Verbindungsmann der italienischen Mafia zum kolumbianischen Drogenkartell, lieferte den Ermittlungsbehörden wichtige Informationen. Die Aussagen der abtrünnigen Mafiosi ersparten den Richtern jahrelange Ermittlungen. Für ihre Bereitschaft mit der Justiz zusammenzuarbeiten, genießen sie Strafmilderung – und ein Leben unter Polizeischutz.

Für die Cosa Nostra allerdings gelten die Abtrünnigen als *infame*, als Verräter. Aus der

Mafia tritt man nicht einfach aus wie aus einem Club. Die Zugehörigkeit ist stärker als jedes Glaubensbekenntnis. Bei jedem Aufnahmeritual läßt der zukünftige Mafioso einen Blutstropfen auf ein Heiligenbildchen tröpfeln. Er hält das Bild in der Hand und verbrennt es. Damit schwört er seine lebenslange Treue. Nur der Tod soll ihn erlösen.

Bei den ersten *pentiti* rächte sich die Mafia auf ihre Weise für den Verrat: Zehn Familienangehörige von Tommaso Buscetta wurden ermordet, darunter zwei Söhne; nachdem Marino Mannoias »Reue« bekannt wurde, brachte man seine Mutter, Schwester und Tante um. Alle an einem Tag. Bei Salvatore Contorno mußten 35 Verwandte für seine Aussagen mit dem Leben bezahlen.

Serafina Battaglia war die erste Frau, die nach dem Mord an ihrem Mann und ihrem Sohn mit den Richtern zusammenarbeitete. Sie sprach aus, was die Mafia seither fürchtet: »Wenn alle Frauen der Ermordeten sich so wie ich entschließen würden, zu reden, aus Hunger nach Gerechtigkeit, dann würde die Mafia nicht mehr lange existieren.« Dann kam Michela Buscemi. Die Mafia hatte ihre beiden Brüder ermordet. Der eine hatte ohne die Genehmigung eines Bosses Schmuggelzigaretten in dem von ihm kontrollierten Stadtviertel verkauft. Der andere Bruder wollte die Mörder seines Bruders finden. Michela Buscemi klagt die Mörder an. Ihr Mann und ihre Kinder halten zu ihr – aber ihre Familie verleugnet sie: Die Mutter erklärt ihre Tochter für verrückt.

Sogar im Belice-Tal gibt es schon eine *pentita*: Giacoma Filipello, die Frau eines Bosses. Nachdem ihr Mann von der Mafia ermordet wurde, fing sie an, mit den Richtern zusammenzuarbeiten. Auch Piera hatte davon gehört – aber eine *pentita* zu werden, das kommt ihr gar nicht in den Sinn: Schließlich hat sie nichts zu bereuen, sie ist keine Mafiosa, sie hat keine Straftaten begangen, für die sie sich durch die Aussagen Haftverschonung erhoffen könnte. Und einfach so zur Polizei hinzumarschieren und zu erzählen, was sie wußte über die Mafia Partannas, über die Morde, die Waffen, die Drogen – so einfach war das nicht. Schließlich weiß man in Sizilien nie, wem man trauen kann.

Vielleicht wäre alles ganz anders gekommen, wenn Piera an jenem Julinachmittag in Montevago nicht zur Post gegangen wäre. Im Hinausgehen trifft sie Francesco Custode, den Carabiniere, der immer nachmittags von der Kaserne in die »Bar Italia« kam, um seinen Espresso zu trinken. Er nimmt Piera beiseite und sagt: »Signora, es tut mir leid, daß ich an dem Tag nicht in der Kaserne war, an dem ihr Mann umgebracht wurde. Ich glaube immer noch, daß ich etwas hätte verhindern können. Ich hätte mir doch eigentlich denken können, daß Favara Ihren Mann umbringen würde. War er es? Hat Favara Ihren Mann umgebracht?«

Als Piera den Namen des Mörders hört, fängt sie an zu weinen. Zum erstenmal nach Nicolas Tod. Unter Tränen sagt sie: »Ja, es stimmt, Favara war dabei.« Der Carabiniere nimmt sie in den Arm: »Piera, würde es Ihnen etwas ausmachen, wenn wir zwei uns unterhalten? Ein Gespräch unter Freunden, bei mir in der Kaserne?« Und sie folgt ihm, ohne Zögern geht sie mit ihm mit, wie in Trance.

Vier Stunden dauert das Gespräch, vier Stunden, in denen Piera fast ununterbrochen redet. Es ist, als sei ein Damm gebrochen. Nie zuvor hat sie sich jemandem anvertraut. Nicht mal mit ihren Eltern hat sie über ihre Ängste gesprochen. Und jetzt sitzt sie da, in dem kargen Büro der Carabiniere-Kaserne von Montevago und redet. Von Nicola und seiner *vendetta*, von ihrer ständigen Angst, von Favara, den Morden an Domenico und Mauro, den Drogen, den Kalaschnikows – sie erzählt ihm alles. Nichts verheimlicht sie ihm, nicht mal, daß sie am Abend nach dem Mord an Nicola noch seine Pistole auf eine Schutthalde und die letzten Haschischpäckchen in den Mülleimer geworfen hat.

Am Ende des Gesprächs sagt Francesco Custode zu ihr: »Piera, du kannst diese Sache nicht einfach so belassen, ich will dir helfen. Ich werde dir die richtigen Leute vorstellen.

Was hältst du davon?« Piera ist zögerlich. Leise antwortet sie ihm: »Wir werden sehen.«

In der Nacht schläft sie kaum. Sie grübelt. Was hatte sie eigentlich dazu getrieben, ihr angeborenes sizilianisches Mißtrauen zu verdrängen, als sie dem Carabiniere alles erzählte? War es nicht purer Leichtsinn, lebensgefährliche Naivität? Hatte Nicola nicht mit seinem Leben für seine Vertrauensseligkeit bezahlen müssen? Was, wenn der Carabiniere auch mit den Accardos unter einer Decke steckt, korrumpiert, wie so viele andere Carabinieri, die sich ihr Gehalt damit aufbessern, der Mafia kleine Gefallen zu tun? Die die Augen verschließen, die Anzeigen verschwinden und Untersuchungen im Sande verlaufen lassen?

Aber andererseits: Es ist ihre einzige Chance. Kann man einfach so weiterleben, nach all dem, was passiert ist? Nicolas Mördern zuschauen, wie sie am Sonntagnachmittag über den Corso spazieren? Soll Vita Maria in einem Dorf aufwachsen, in dem man mit Fingern auf sie zeigt? Am nächsten Morgen ruft sie in der Kaserne an: »Ich bin bereit.« Es ist der Mut der Verzweiflung.

Die wenigen Schritte von dem Haus ihrer Eltern zur schräg gegenüberliegenden Kaserne geht sie langsam und bedächtig. Die Via Magellano liegt in staubiger Nachmittagsmattigkeit, kein Mensch ist auf der Straße. Trotzdem fühlt sie sich beobachtet, sie fühlt sich wie ertappt, als könne man ihrem Gesicht ihre Entscheidung ansehen. Mit dem Carabiniere macht sie aus, seinem Wagen mit etwas Abstand zu folgen.

Die Angst läßt das Blut in ihren Ohren rauschen. Was, wenn »die richtigen Leute« zwei Killer sind, die sie schon an der nächsten Straßenbiegung erwarten? Für die es keinen Unterschied macht, einem Schaf die Kehle durchzuschneiden oder einen Menschen zu exekutieren? *Fidarsi è buono, non fidarsi è meglio.* Es ist gut, zu vertrauen. Aber es ist besser, nicht zu vertrauen – das sagt ihr Vater immer. Das Credo aller Sizilianer.

Bevor sie in ihr Auto steigt, dreht sich Piera noch einmal zu dem Carabiniere um. »Ich lege mein Leben in Ihre Hände«, sagt sie. Und versucht, ihre Angst wegzulachen. Eine halbe Stunde später kommen sie vor dem Gerichtsgebäude in Sciacca an. Piera ist etwas erleichtert, als sie Morena Plazi sieht. Ein bekanntes Gesicht.

Ist es Zufall oder ausgleichende Gerechtigkeit, daß sie einen Carabiniere getroffen hat, dem sie vertrauen konnte? Vielleicht ist es auch nur Glück. Ein Schutzengel.

Piera läßt ihr Auto stehen und steigt in den gepanzerten Fiat Croma von Morena Plazi, der Staatsanwältin, die sie am Abend des Mordes an Nicola in der Leichenhalle gesehen hatte. Piera sagt kein Wort. Sie fragt nicht mal, wohin es geht. Stumm schaut sie aus dem Fenster und raucht eine Zigarette nach der anderen.

Daß eine Mafioso-Witwe aussagen will, ist in Sizilien immer noch die Ausnahme. Die *omertà* ist die Regel. Deshalb muß jeder dieser Zeugen beschützt werden – und das von dem ersten Augenblick an, wo sie aussagen. Jedes Zögern der Richter, gar ein Zweifel an der Glaubwürdigkeit kann die *pentiti* das Leben kosten.

Nach einer Dreiviertelstunde kommen Piera, der Carabiniere und Morena Plazi in Terrasini an, einem kleinen Badeort unweit von Palermo. Die Wagen schlängeln sich durch die Gassen, die Promenade am Meer entlang, vorbei an Straßenrestaurants und Badegästen. Vor einer Villa halten sie. Es ist eine von denen, die den Sommer über an Gäste aus Palermo vermietet werden. Im Garten stehen Polizisten mit Maschinengewehren. Piera versteckt sich hinter ihrer Spiegelbrille und folgt dem Carabiniere ins Haus.

Sie wird in ein großes Zimmer geführt, in dem etwa zehn Personen sitzen, die Piera erwartungsvoll ansehen. All diesen fremden Leuten soll ich mein Leben erzählen? Bloß weg hier, denkt Piera, und zupft den Carabiniere am Ärmel: »Ich mag nicht reden, ich will nach Hause«, flüstert sie. Da kommt ein grauhaariger, großgewachsener Herr auf sie zu und sagt mit rauchiger Stimme: »Signora,

Sie sind hier unter Freunden.« Piera ist verstockt wie ein kleines Kind. Hilflos fängt sie an zu weinen. »Unter Freunden« – das hat für sie nur eine Bedeutung. Trotzig sagt sie: »Mit Ihnen spreche ich nicht. Sie haben eine Stimme wie ein Mafioso.« Alle lachen.

Jetzt werden Piera die Anwesenden vorgestellt: Staatsanwältin Alessandra Camassa, Kommissar Canale, Oberstaatsanwalt Borsellino. Von Borsellino hat Piera noch nie etwas gehört. Der Carabiniere klärt sie auf, daß der grauhaarige Herr mit der Mafioso-Stimme kein Geringerer als Siziliens berühmter Mafia-Fahnder ist. Freund und enger Mitarbeiter von Giovanni Falcone.

Sie ist verlegen: Wie spricht man so ein hohes Tier bloß an? Doktor? Professor? Oder vielleicht *onorevole*, Ehrenwerter, so wie Politiker immer angesprochen werden? Also nimmt sie ihren ganzen Mut zusammen und sagt: »Hören Sie, *onorevole* . . .« Borsellino unterbricht sie amüsiert: »Halt! Bei allem gebotenen Respekt für unsere Abgeordneten, aber für einen Politiker möchte ich nicht gehalten werden. Ich bin ein einfacher Staatsanwalt. Du kannst mich Paolo nennen, *Pieruzza*.«

Wie ein welkes Blatt fällt die Angst von Piera ab. Der väterliche Ton, das »Pieruzza« haben ihr Mißtrauen weggeblasen. »Wie können wir dir helfen?« fragt Borsellino, und Piera antwortet mit fester Stimme: »Ich will weg aus Sizilien, ich will weg von den Leuten aus Partanna, ich kann sie nicht mehr sehen.« »Wann willst du weggehen?« Piera würde am liebsten heute noch Sizilien verlassen: »So schnell wie möglich.« Borsellino ordnet an, daß man Piera ein Flugticket nach Rom besorgen soll. Piera nestelt nervös in ihrer Handtasche und kramt ihr Scheckheft hervor. Hastig reißt sie einen Scheck heraus und reicht ihn Borsellino: »Nein, nein, den Flug für meine Tochter und mich bezahle ich selbst.« Lächelnd akzeptiert Paolo Borsellino Pieras trotzigen Stolz und steckt den Blankoscheck weg.

Nie wird Piera diese erste Begegnung mit Paolo Borsellino vergessen. Zwei Jahre später, als sie im Prozeß gegen Partannas Cosa Nostra als Zeugin auftritt, wird sie der Verteidiger eines Mafioso irritiert fragen: »Habe ich das richtig verstanden: Sie sprachen Oberstaatsanwalt Borsellino mit Paolo an?« Diese Frage macht Piera richtig wütend. Was will dieser Verteidiger damit andeuten? Etwa, daß Borsellino zu vertraut mit einer *pentita* umging? Als Antwort hält sie im Gerichtssaal des römischen Gefängnisses Rebibbia ein leidenschaftliches Plädoyer über den Menschen Paolo Borsellino: Daß er der einzige war, zu dem man gleich Vertrauen haben konnte, wie ein Vater habe er sich um Rita und sie gesorgt, viele sollten sich ein Beispiel an ihm nehmen – Piera ist gar nicht mehr zu bremsen. »Niemand soll sich erdreisten, Borsellinos Namen in den Dreck zu ziehen«, sagt sie drohend. »Nein, nein, niemand hier will Ihrem Paolo Borsellino zu nahe treten«, antwortet der Verteidiger maliziös und geht schnell zur nächsten Frage über.

Schon zwei Tage nach dem ersten Treffen mit Borsellino und den anderen Staatsanwälten sitzt Piera mit der kleinen Vita Maria im Flugzeug nach Rom. Ihre Eltern haben sie zum Flughafen gebracht, die Mutter mit Tränen in den Augen, der Vater schnaufte ständig in sein Taschentuch und räusperte sich angestrengt. Am selben Abend nach dem Treffen mit Borsellino hatte Piera ihre Eltern vor die vollendete Tatsache gestellt: Sie will aussagen. Ihr Vater ist besorgt und hält ihre Entscheidung für falsch. Vom Staat konnte man in Sizilien noch nie etwas erwarten. Weiß sie denn überhaupt, worauf sie sich einläßt mit diesem Leben unter Polizeischutz? Und was heißt überhaupt Schutz? Die Mafia hat bis jetzt noch jeden gefunden. Grenzenlosen Leichtsinn wirft er seiner Tochter vor. Aber Piera will nicht mehr zurück. »Ich gehe, egal, wie du darüber denkst«, sagt sie zu ihrem Vater. »Wenn du meine Entscheidung nicht akzeptierst, dann hast du deine Tochter und deine Enkelin verloren.« Es gibt für Piera kein Zurück mehr.

Am Flughafen von Rom erwartet sie niemand. Es ist ausgemacht worden, daß sie sich auf der Polizeistation am Flughafen melden soll. Piera hat nur wenig Gepäck, ein paar Kleidungsstücke, Spielzeug für Vita Maria, alles andere würde sie vorfinden, hat man ihr gesagt. Ein junger Polizist fährt sie zu ihrer neuen Wohnung: ein Appartementhaus am Rande von Rom. An der Tür steht ein falscher Name. Er erklärt ihr das Notwendigste: Wo sie eine Apotheke findet, wie weit es zum nächsten Krankenhaus ist, und geht noch für sie einkaufen. Dann läßt er sie allein.

Piera war noch nie in Rom. Sie ist berauscht von der Stadt, von der Anonymität der Großstadt und der neuen Freiheit. Am nächsten Morgen kauft sie eine Kinderkarre für Vita Maria und zieht los. Ohne Umwege zum Petersdom. Zwar gehört zu den Verhaltensregeln, die man ihr als neuer »Mitarbeiterin der Justiz« mit auf den Weg gegeben hat, daß sie Orte mit großen Menschenmassen meiden soll: Bahnhöfe, Kinos, auch Roms bekannteste Sehenswürdigkeiten gehören dazu. Die Spanische Treppe, das Forum Romanum – einen großen Bogen soll sie darum machen, hat ihr der Polizist noch eingebleut. Aber beim San Pietro, findet Piera, da muß sie eine Ausnahme machen. Schließlich ist es die Kirche ihres Namenspatrons. Ihm will sie für ihr neues Leben danken. Den Glauben an himmlische Gerechtigkeit kann ihr niemand nehmen. Nicht einmal die Mafia.

11

Keine andere Wahl

An Gerechtigkeit hat Rita nie geglaubt. Jedenfalls nicht an die Art von Gerechtigkeit, die man sich mit Gesetzen verschafft. Das einzige Gesetz, das Rita kennt, ist das der Cosa Nostra – damit ist sie aufgewachsen, damit ist sie vertraut.

Nie gab es in Partanna einen überzeugenden Versuch, die Macht der Mafia zu brechen. Der Staat findet in Partanna nicht statt. Das Polizeikommissariat wurde in den fünfziger Jahren geschlossen, und die Handvoll Carabinieri, die in ihren blauen Fiat-Pandas durch die Gegend fahren, nimmt niemand ernst. Sich Richtern anvertrauen? Nie hat Rita daran gedacht. Zu »singen«, wie es die abtrünnigen Mafiosi tun? Rita, die Tochter von Don Vito, der sich nicht mal den mächtigen Accardos gebeugt hatte, kann nicht einfach Verrat begehen. Nächtelang denkt sie nach. Sie wägt ab, verwirft, sucht: Wer, wenn nicht Rita, kann den Mord an ihrem Vater und an Nicola rächen? Niemand. Und schließlich kann Rita nicht einfach mit einer Pistole hinter einem Mauervorsprung Leuten wie Favara auflauern. Also bleibt keine andere Wahl.

Pieras Entscheidung zeigt Rita, daß es neben Nicolas besessener Rache und dem stumpfen Fatalismus ihrer Mutter noch eine dritte Möglichkeit gibt, sich Recht zu verschaffen. Eine andere, eine wirksamere *vendetta*. Rita zögert nicht mehr.

Beim nächsten Telefonat mit Piera sagt sie: »Ich will zu dir kommen.« Piera versteht nicht sofort. Will Rita etwa ein paar Tage Ferien bei ihr verbringen? Sie antwortet, daß sich Rita das nicht so einfach vorstellen solle, schließlich lebe sie unter falschem Namen, niemand darf wissen, wo ihre Wohnung ist... Rita unterbricht sie voller Ungeduld: »Ja, ja, ich weiß. Ich will dich auch nicht einfach besuchen. Ich will aussagen.« Stille am anderen Ende der Leitung. Piera antwortet mit ernster Stimme: »Dann weißt du aber auch, was das bedeutet: Du kannst nie mehr nach Sizilien zurück. Du hast keine Freunde mehr. Du mußt unter falschem Namen leben, niemand darf erfahren, wer du bist.« Aber Rita läßt sich nicht beirren: Sie habe sich alles genau überlegt, Piera solle endlich aufhören mit ihren Ermahnungen, schließlich sei sie kein Kind mehr. Seufzend gibt Piera nach: »Wenn du meinst.« Und sie verspricht, den Staatsanwälten beim nächsten Treffen davon zu erzählen, daß ihre Schwägerin auch aussagen will.

Die nächsten Wochen ziehen sich für Rita in zäher Einförmigkeit hin. Jetzt, wo sie ihre

Entscheidung getroffen hat, kann sie gar nicht abwarten, den Richtern endlich alles zu erzählen, was sie weiß. Nicht nur über den Mord an ihrem Bruder und ihrem Vater will sie aussagen, nein, wenn sie schon einmal diese Entscheidung getroffen hat, dann will sie alles loswerden. Die ganze Mafia von Partanna soll dran glauben. All der Dreck, der an ihnen klebt, soll ans Tageslicht. Der Mord an Bürgermeisterkandidat Nastasi, den Bürgermeister Culicchia auf dem Gewissen hat, die unzähligen Toten, der Drogenhandel der Accardos, Waffenhandel: Ihr werdet euch wundern! Rita, das stille, unscheinbare Mädchen, hat alles mitgekriegt. Es reichte ja, die Ohren aufzumachen. Ihr Vater hatte nie versucht, etwas vor ihr zu verbergen, und was Rita nicht von ihm erfuhr, hat ihr Nicola erzählt.

Sie platzt vor Ungeduld. Warum versuchen die Richter nicht endlich, sich mit ihr in Verbindung zu setzen, jetzt, wo sie wissen, daß sie reden will? Nichts passiert. Rita hatte geglaubt, daß man sie sofort anhören würde. Aber jetzt scheint es, daß man gar nicht an ihr interessiert ist. Ein paarmal schon hat sie in Montevago angerufen, denselben Carabiniere, dem sich auch Piera anvertraut hatte. Morgens vor der Schule hat sie heimlich mit ihm telefoniert. Aber es ist immer noch nicht zu einem Treffen gekommen.

Die Ermittlungsrichter sind zögerlich: Rita ist erst 16 Jahre alt, eine so junge *pentita* hat es noch nie gegeben. Kein Gesetz sieht vor, wie man mit einer minderjährigen »Mitarbeiterin der Justiz« umzugehen hat. Man weiß auch nicht recht, was man von ihr halten soll: Was soll sie mit ihren 16 Jahren schon wissen über die Mafia in ihrem Dorf? Und schließlich warten dringende Fälle darauf, erledigt zu werden. Aufgrund von Pieras Aussagen wird gerade die erste große Verhaftungswelle vorbereitet. Also wird Rita vertröstet. Jedesmal, wenn sie heimlich nach der Schule von einer Telefonzelle in Sciacca bei dem Carabiniere anruft, heißt es, daß sie Geduld haben soll, sie sei ja noch so jung, es gebe Probleme, wenigstens bis zu ihrem 17. Geburtstag in zwei Monaten soll sie noch warten. Außerdem seien die Untersuchungsrichter in diesem Augenblick völlig überlastet . . .

Ritas Glaubwürdigkeit wird unterschätzt. Aber Rita läßt sich nicht beschwichtigen, täglich bombardiert sie den Carabiniere mit Anrufen: »Sie müssen mich anhören, ich habe wichtige Dinge zu sagen, es ist wirklich dringend!« Denn wenn erst herauskommt, daß Piera geredet hat, befürchtet Rita, dann wird auch sie in Partanna verdächtig sein.

Lange läßt sich nicht mehr verheimlichen, daß ihre Schwägerin mit den Richtern zusammenarbeitet: An einem nebligen Oktobermorgen werden in Partanna die ersten zehn Mafiosi verhaftet. Auch Vito Mistretta und Vincenzo Tamburello sind darunter. Nicolas Freund, seine Mörder. Am nächsten Tag steht Pieras Name sogar schwarz auf weiß in der »Republicca«: *Piera Aiello-Atria: Die Mafia ermordete ihren Mann. Jetzt fordert die Witwe die Clans heraus*, titelt die Tageszeitung. Oberstaatsanwalt Paolo Borsellino wird mit den Worten zitiert: »Die Untersuchung begann mit einer Frau und wurde von anderen Frauen fortgeführt.«

Außer Piera gibt es jetzt noch eine andere wichtige *pentita*: Auch die Geliebte Favaras, die Geliebte von Nicolas Mörder hat ausgepackt, Rosalba Triola. Er, der Killer der Accardos, hatte ihr alles von seinen Morden erzählt. *Eine halbe Million Lire für einen Mord: Zwei Frauen verraten die Geheimnisse der Mafiaclans* schreibt die »Republicca«. Favara konnte nicht mehr verhaftet werden, er war schon untergetaucht. Die Fahnder läßt seine Flucht gelassen. Wenn sie ihn nicht finden, wird ihn die Mafia finden. Sie hat das Todesurteil gegen ihn schon verhängt: Denn der Mafioso, der einer Frau etwas von seinen »Geschäften« anvertraut, muß sterben.

Als Giovanna Atria von Pieras Aussagen erfährt, triumphiert sie. Jedem, der es hören will, teilt sie ihre Meinung über die Schwiegertochter mit. Endlich bestätigen sich ihre Vorahnungen. Wie gut, daß sie den Kontakt zu ihrem Sohn schon vor Jahren abgebrochen hat! Hat sie nicht schon immer gewußt, daß Piera, diesem Luder, nicht zu trauen ist? Nur Unglück hat sie über die Familie Atria gebracht. Und jetzt verbreitet sie noch Lügen bei den Richtern!

Rita schweigt. Aber heimlich besucht sie Pieras Eltern in Montevago. Seitdem Pieras Aussagen bekannt sind, sind sie geächtet. Sogar seine Brüder haben den Kontakt zu Pieras Vater abgebrochen. Er findet als Maurer keine Arbeit mehr. Dem Vater einer *pentita* erteilt man keine Aufträge.

Auch Rita erfährt, was es bedeutet, eine *pentita* in der Familie zu haben: Seit Tagen hat sich Calògero nicht mehr bei ihr blicken lassen. Als sie ihn schließlich eines Abends auf der Piazza sieht, guckt er einfach durch sie hindurch – ganz so, wie damals Vito Mistretta nach dem Mord an Nicola versucht hatte, sie zu übersehen. Rita ist wütend über seine Feigheit: Eine Atria übersieht man nicht! Sie geht auf Calògero zu und will ihn zur Rede stellen. Neugierig beobachten seine Freunde sie, die in einem Grüppchen neben ihm stehen. »Was ist los mit dir?« fragt sie. Calògero ist verlegen. Seine Hände bleiben in den Taschen seiner Lederjacke versteckt, er wendet sich nicht mal richtig zu ihr um. Er versucht, beiläufig zu klingen, als er sagt: »Mit der Schwägerin einer *pentita* kann ich nicht zusammenbleiben.« Mit spöttischem Grinsen fügt er hinzu: »Dafür ist mir meine Haut zu teuer.« Dann wendet er sich wieder seinen Freunden zu und unterhält sich weiter mit ihnen, als sei nichts geschehen.

Rita wird blaß, sie will sich die Enttäuschung nicht anmerken lassen. Schnell dreht sie sich um und geht nach Hause, neugierig beobachtet von Calògeros Freunden. Jetzt ist sie um so mehr entschlossen, auszupacken. Wieder ruft sie morgens vor der Schule bei dem Carabiniere in Montevago an: Sie will sich nicht länger vertrösten lassen. Es muß jetzt zu einem Treffen kommen. Es muß, es muß!

Endlich hört sie den Satz, auf den sie schon seit Monaten gewartet hat: »Du wirst morgen früh um halb neun auf dem Gericht in Sciacca erwartet. Melde dich beim Pförtner und sag ihm, daß du von Dr. Plazi erwartet wirst.«

Am nächsten Morgen packt sie wie gewohnt ihre Schulbücher ein und steigt um sieben Uhr in Partanna in den Bus, den sie jeden Morgen nimmt, um zur Hotelfachschule in Sciacca zu fahren. Der Bus ist voll wie immer zu dieser Uhrzeit: lärmende Schulkinder, Bauern mit vollgepackten Körben und Plastiktüten. Obwohl sie jeden Tag die gleiche Route fährt, scheint Rita die Fahrt heute besonders lang. Ob man ihrem Gesicht die Aufregung ansieht? In Sciacca angekommen, läßt sie erst alle aussteigen. Als ihre Schulkameraden aus dem Blickfeld sind, steigt auch sie aus.

Das Gerichtsgebäude von Sciacca ist ein

sandfarbener Betonklotz direkt am Meer. Inmitten der handtuchschmalen Häuser am Hafen und dem Gewirr der Fischerboote wirkt das Gerichtsgebäude mit den hohen Säulen wie aufgepfropft, eine zu Stein gewordene Demonstration der Staatsmacht. Meterhohe Metallzäune riegeln das Gebäude ab, mit Maschinengewehren bewaffnete Soldaten mit kugelsicheren Westen sichern es.

Rita kommt sich ganz klein vor, als sie die Marmorstufen zum Eingang hochsteigt. Von den Fenstern im ersten Stock hat man einen grandiosen Blick auf das Meer, das an diesem sonnigen Wintermorgen türkisfarben schimmert. Der Carabiniere Francesco Custode erwartet sie schon. Er führt sie in ein Büro.

Als Rita eintritt, ist sie überrascht: Hinter Aktenstapeln und einem Computer sitzt eine Frau. Unter einem Untersuchungsrichter hatte sie sich etwas anderes vorgestellt. Einen Mann in einem bestimmten Alter, mit Autorität, und nicht diese junge Frau mit Pagenschnitt und roten Lippen. Die ist doch höchstens 28 Jahre alt, denkt Rita, und der soll ich meine Geschichte erzählen?

Auch Morena Plazi ist erstaunt. Sicher, man wußte, daß es sich um ein junges Mädchen handelt, aber jetzt, wo sie vor ihr steht, die Haare zu einem Pferdeschwanz hochgebunden, mit Jeans und Rucksack, da erwartet man höchstens, daß sie weiß, wie der neueste Film mit Tom Cruise heißt. Aber Mafia?

Rita verdrängt ihre Bedenken. Egal, ob sie sich jetzt sogar einer Frau anvertrauen muß, wichtig ist ihr nur, daß sie endlich alles loswerden kann, was sie weiß. Der Carabiniere setzt sich an die Schreibmaschine, Morena Plazi nimmt sich einen Notizblock und Rita beginnt ihr erstes Vernehmungsprotokoll: »Ich bin die Schwester von Nicola Atria, ermordet am 24. Juni 1991 in Montevago. Ich habe mich an das Untersuchungsgericht gewandt, weil ich über meine Kenntnisse aussagen will, die zur Ermordung meines Bruders und der meines Vaters geführt haben, der 1985 in Partanna umgebracht wurde. Darüber hinaus möchte ich über das Umfeld aussagen, in dem diese Verbrechen vorbereitet wurden. Ich erinnere mich, daß mein Vater ›Der Doktor‹ genannt wurde, weil er in Partanna die Rolle eines Friedensstifters innehatte . . .« Rita redet konzentriert und schnell. Als hätte sie Eile, als gelte es, keine Zeit zu verlieren. Sie redet so schnell, daß Francesco Custode Mühe hat, beim Mitschreiben des Protokolls mitzukommen.

Schon nach wenigen Sätzen merkt die Ermittlungsrichterin, wie wertvoll die Aussagen dieses Mädchens sind. Und wie leichtsinnig es war, sie immer wieder zu vertrösten. Denn sie weiß mehr als nur die Umstände des Mordes an ihrem Bruder. Sie nennt Namen, sie kennt die Hierarchie von Partannas Mafia, sie kennt die Accardos und

Ingoglias und die Hintergründe der Ereignisse, die den Fahndern bislang verborgen waren. Alle Fakten, die Rita erzählt, halten der Nachprüfung stand: Sie liefert die Beweise, die den Ermittlern fehlten.

Noch während des ersten Verhörs ruft Morena Plazi ihre Kollegin Alessandra Camassa an, Staatsanwältin am Gericht von Marsala. Sie führt die Ermittlungen gegen die Mafia Partannas. Von nun an übernimmt es Alessandra Camassa, Rita Atria zu verhören. Wieder eine Frau.

12

Letzte Tage in Partanna

Es ist nicht nötig, Rita daran zu erinnern, daß sie niemandem etwas von ihren Aussagen sagen soll. Rita weiß, was Verschwiegenheit bedeutet. Die Richter zögern noch, sie aus Sizilien wegzubringen: Sie ist jetzt 17 Jahre alt, immer noch minderjährig, und wenn sie aus Partanna weggeht, braucht sie die Einwilligung ihrer Mutter. Alle hoffen, daß ihre Mitarbeit bei den Ermittlungen der Richter noch eine Weile geheim bleibt. Schließlich ändert sich nichts an ihrem üblichen Lebensrhythmus. Sie verläßt wie immer morgens das Haus, um den 7-Uhr-Bus nach Sciacca zu nehmen. Einmal in der Woche kommt sie ins Gericht von Sciacca, um ihre Aussagen zu machen.

Rita aber kennt Partanna besser, sie weiß, daß selbst Wände Augen und Ohren haben, nichts bleibt unbemerkt. Hatte man sie nicht gewarnt, als Pieras Aussagen bekannt wurden, und ihr gedroht, daß ihr etwas zustoßen würde, wenn Piera nicht aufhören würde, auszupacken? Calògero weiß, wie eng sie mit Piera befreundet ist, etwas, das selbst nicht mal ihre Mutter ahnte. Und er könnte ahnen, daß sie, eine Atria, den Mord an ihrem Bruder nicht einfach hinnehmen wird.

Rita versucht, sich so unauffällig wie möglich zu bewegen. Sie verläßt das Haus nur, um zur Schule zu gehen. Wenn sie aber morgens an der Bushaltestelle wartet, fühlt sie sich wie eine Zielscheibe. Hat man nicht so auch ihren Vater umgebracht, einfach so mit einem Schuß aus einem vorbeifahrenden Auto? Endlos zäh tröpfeln die Minuten dahin, bis sie endlich in den Bus einsteigen kann. Was, wenn sie jemand beobachtet hat, als sie die Stufen vom Gericht von Sciacca hochgestiegen ist? Oder wenn man sie zusammen mit dem Carabiniere gesehen hat? Oder wenn die Telefongespräche mit Piera abgehört wurden?

Rita hat Angst, Todesangst. Aus den Freunden von einst werden jetzt Verfolger. Mit niemandem kann sie darüber sprechen, nur ihrem Schulheft, das sie in ihrem Rucksack überall mit sich herumträgt, vertraut sie ihre Ängste an. Minutiös berichtet sie jedes Detail, das sie um sich herum beobachtet, so als solle es im Falle ihres Todes als Beweismaterial dienen. Am Dienstag, dem 12. November 1991, genau eine Woche nach ihrem ersten Verhör, schreibt sie:

»Es ist vier Uhr nachmittags, ich war gerade draußen, um die Wäsche aufzuhängen, da sah ich, wie Claudio Cantalicio im Auto vor unserem Haus vorbeifuhr. Es ist nicht das erste Mal, daß ich ihn hier auftauchen sehe. Vor vier Tagen, am Samstag, dem 9. November, habe ich schon einmal bemerkt, wie er mit seinem weißen Auto vorbeifuhr. Heute war noch jemand mit ihm im Wagen, aber ich konnte nicht sehen, wer die andere Person war, die am Steuer saß. Aber ich habe mit Sicherheit gesehen, daß sich Claudio geduckt hat, damit die andere Person mich besser sehen konnte. Alles dauerte nur ein paar Sekunden, deshalb konnte ich den anderen nicht erkennen. Hoffentlich ist alles nur Zufall – aber trotzdem: Ich kann mich nicht auf die Verschwiegenheit der Carabinieri verlassen.

Ich weiß genau, daß Calògero davon erfahren hat. Hoffentlich verrät er mich nicht, sonst liege ich bald in einem Sarg. Keiner kann sich vorstellen, wie mächtig die Accardos sind. Es ist besser, in einem Löwenkäfig eingesperrt zu werden, als dem Haß der Accardos ausgesetzt zu sein. Selbst wenn ich für immer in das winzigste Loch der Erde schlüpfen würde: Sie würden mich trotzdem finden und umbringen. Aber jetzt, wo sie mir ohnehin schon alles genommen haben, was ich auf der Welt hatte, wäre das auch egal. Ich habe nur Angst, weil es nicht das erste Mal in den letzten zwei Monaten ist, daß Claudio an unserem Haus vorbeikommt. Vor zwei Wochen habe ich ihn mit einem gewissen Nicola gesehen, beide unterhielten sich, und wenn sich diese beiden vor aller Augen treffen, dann bedeutet das, daß sie etwas planen. Ich hoffe nur, daß es nicht meine Beerdigung ist.«

Bei den Verhören muß Rita bald erfahren, daß sie mit ihren Aussagen niemanden schonen kann. Nicht mal den toten Bruder, den Rita vergöttert hat. Sie fühlt sich, als würde sie Verrat begehen.

Gut, er hat auch mit Drogen gehandelt, aber doch nur, um herauszufinden, wer die Mörder des Vaters sind! In Ritas Augen zeigt Staatsanwältin Camassa nicht den genügenden Respekt gegenüber Nicola. Schließlich konnte ihr Bruder doch gar nicht anders handeln, er mußte doch den Vater rächen, versucht sie ihr klarzumachen. Nach einem Telefonat mit Pieras Mutter schreibt sie in ihr Tagebuch:

»Samstag, 16. November 1991. Ich habe mit der Signora Annina telefoniert, um ihr zu sagen, daß man ihr zu viele Fragen zu Nicolas Drogenhandel gestellt hat. Sie haben auch nach Freunden und Bekannten von Nicola gefragt, von denen Nicola Drogen bezog oder die er belieferte. Ich habe Angst, daß meine Freunde, wenn man sie überhaupt so nennen kann, mich bald nicht mehr auf der Straße grüßen werden – so wie es jetzt schon passiert ist.«

In Partanna passiert nichts zufällig. Rita weiß das. Sie weiß, wie die Casa Nostra ein *spegnimento* vorbereitet, eine Auslöschung, wie man den Mord lapidar nennt. Zuerst wird das Opfer isoliert, man beobachtet seine Lebensgewohnheiten, vielleicht wird eine letzte Warnung abgegeben. Nachts macht Rita kein Auge mehr zu, von ihrem Fenster im ersten Stock beobachtet sie die Straße. Am Mittwoch, den 20. November 1991 notiert sie mit zittriger Schrift:

»Es ist ein Uhr nachts, und ich kann nicht schlafen. Zum erstenmal nach Nicolas Tod habe ich richtige Angst, aber nicht um mich, sondern um meine Mutter. Der Grund ist folgender: Heute abend, um halb zwölf, klopfte jemand bei uns an der Tür. Meine Mutter und ich waren noch wach, aber das Licht war schon aus. Weil man nicht aufhörte, zu klopfen, fragte meine Mutter, wer da sei. Eine Stimme sagte, daß er Andrea sei, der mich besuchen wollte. Meine Mutter hat die Stimme nicht erkannt, sie sagte ihm, daß er gehen solle. Aber er bestand weiter darauf, mich zu sehen, er wolle uns sein Beileid wegen Nicola aussprechen. Ich habe die Stimme sofort erkannt, es war Andrea D'Anna, der Bursche, der bei meinem Vater auf dem Feld gearbeitet hatte. Andrea wiederholte ständig, daß er hereinkommen wollte, aber meine Mutter sagte ihm erneut, daß er gehen sollte, weil es schon so spät sei. Dann hörte ich ihn gehen, wenig später fuhr ein Auto weg.

Andrea hat sich seit fünf Jahren nicht mehr bei uns blicken lassen. Ich bin sicher, daß er kam, um mich umzubringen. Ich weiß, mit wem von den Accardos er befreundet ist. Ich weiß auch, daß er immer eine Pistole bei sich trägt. Seitdem er nicht mehr bei uns arbeitet, läßt er sich für die schmutzigsten Arbeiten kaufen, die man sich vorstellen kann. An der Bushaltestelle habe ich jeden Morgen seinen Bruder Massimo gesehen, der für Geld auch zu allem bereit ist. Seit zwei Wochen schon taucht er jeden Morgen da auf. Heute morgen bin ich nicht zur Schule gegangen, weil ich Oliven ernten mußte, das war wahrscheinlich mein Glück. Wenn ich heute morgen zum Bus gegangen wäre, hätten sie mich umgebracht, da bin ich sicher.

Zu viele eigenartige Zufälle. Daß Massimo, dieser Säufer, mit den Leuten vom ›Golden Market‹ zu tun hat. Den Richtern habe ich schon erzählt, daß die vom ›Golden Market‹ für die Mafia Geschäfte abwickeln. Ich kenne auch das Vorleben von Andrea, auch er ist ein Säufer. Beide Brüder sind fähig, dir eine Pistole ins Genick zu setzen und abzudrücken, ohne darüber nachzudenken. Heute abend aber war Andrea nüchtern, er ist imstande, meine Mutter und mich umzubringen, weil ihm die Accardos das befohlen haben. Seine Stimme klang einfach zu freundlich, als er darauf bestand, mich zu sehen.

Ich sagte meiner Mutter, daß alles in Ordnung sei. Um sie zu beruhigen, habe ich mir ein paar Ausreden einfallen lassen. Ich habe solche Angst, daß sie mich morgen umbringen. Hoffentlich sind meine Ängste unbegründet, meiner Mutter darf nichts geschehen, ich habe Angst um sie. Hoffentlich ist es nicht das letzte Mal, daß ich in dieses Heft schreibe.«

Am nächsten Morgen packt Rita so ruhig und unauffällig wie möglich Schulbücher und Tagebuch in ihren Rucksack und geht zum Bus. Entgegen ihrer Gewohnheit begleitet Ritas Mutter ihre Tochter zum 7-Uhr-Bus. Auch sie ist von dem nächtlichen Vorfall beunruhigt. Rita fährt allerdings nicht zur Schule, sondern zur Polizeistation von Montevago. Nach Partanna wird sie nicht mehr zurückkehren.

Den Richtern ist klar, daß der nächtliche Besuch bei Rita eine Drohung war. 19 Tage lang konnte geheim bleiben, daß Rita Atria eine *pentita* ist. Aber wenn sie jetzt noch länger in Partanna bleiben würde, könnte niemand mehr dafür die Verantwortung übernehmen. Sie setzen sich mit dem Hochkommissariat für den Kampf gegen die Mafia in Rom in Verbindung: Innerhalb von 24 Stunden organisiert Paolo Borsellino Ritas Abreise nach Rom, wo sie vorerst bei ihrer Schwägerin Piera wohnen soll.

Ritas Mutter ahnt nichts. Ein Polizist am Gericht in Marsala wird mit der heiklen Aufgabe betreut, mit der Mutter zu sprechen. Sie muß die Erlaubnis dafür geben, daß ihre Tochter unter dem Schutz des Staates leben kann. Allerdings soll er ihr nicht sagen, daß ihre Tochter mit der Justiz zusammenarbeitet.

Der Beamte versucht der Mutter so schonend wie möglich beizubringen, daß ihre Tochter Sizilien schnellstens verlassen muß. »Nachdem Ihre Schwiegertochter Aussagen gemacht hat, müssen wir auch um die Sicherheit Ihrer Tochter fürchten, Signora«, sagt er am Telefon. Aber Giovanna Atria läßt sich so leicht nicht überreden. Glaubt dieser Mensch etwa, sie würde ihr Kind, das einzige, das ihr geblieben ist, einfach gehen lassen? Sie in ein ungewisses Leben ziehen lassen?

Was hat meine Tochter mit den Aussagen von dieser *buttana*, dieser Hure, zu tun? schreit Giovanna Atria ins Telefon. Nichts, aber auch gar nichts weiß das Kind von der Mafia. Und was heißt schon Sicherheit: Am sichersten ist meine Tochter bei mir in Partanna. Dann legt sie auf.

Erst als der Beamte in Partanna vor Giovanna Atrias Tür steht und seine ganze Autorität als Polizist in die Waagschale legt, fügt sie sich widerstrebend. Er gibt ihr seine Telefonnummer, damit sie sich jederzeit mit ihm in Verbindung setzen kann. Er verspricht ihr, daß sich ihre Tochter regelmäßig telefonisch melden wird.

Und am selben Abend verläßt Rita Atria Sizilien, nur mit ihrem kleinen Rucksack in der Hand.

13

Rom

In Rom zu sein ist für Rita so, als sei sie in der letzten Sekunde vom Zug gesprungen, bevor er in den Abgrund stürzte. Bloß kein Blick zurück. Entkommen.

Am Abend nach ihrer Ankunft bringt sie ein Carabiniere zu Pieras Wohnung. Rita staunt: So groß, so schön, so modern hatte sie sich ihre neue Bleibe gar nicht erhofft. An nichts fehlt es, moderne Möbel, Einbauschränke überall, Geschirr, Bestecke, ein Haufen Elektrogeräte. Und – hast du so etwas schon mal gesehen? – die Küche kann man sogar in einem Schrank verschwinden lassen. Und erst das Badezimmer! Nicht so mickrig wie das zu Hause, sondern riesig und lichtdurchflutet, noch dazu funkelnagelneu. Fast wie im Film, sagen sich Piera und Rita. Was für ein Glück, endlich normal leben zu können. Ohne die ständige Angst, verfolgt zu werden, ohne die Blicke der anderen im Rücken.

Rom, das ist ein Fest. Wie jeden Tag Ferien, wie Geburtstag und Weihnachten an einem Tag. Die ersten Wochen sind ein nicht endender Rausch, und es braucht wenig, um Piera und Rita trunken vor Glück zu machen. Rita kann gar nicht glauben, daß man hier durch die Straßen gehen kann, ohne von jemandem beobachtet zu werden. Wie um ihr Glück mit Händen zu fassen, laufen sie im Regen durch die Stadt. Die Engelsburg, der Trevi-Brunnen bei Nacht – kann es etwas Schöneres geben?

Wie zwei Touristinnen aus der Provinz erobern sie sich ihre Stadt. Rita will alles sehen, alles ausprobieren, alles, als könne jeder Tag der letzte sein. Seitdem sie in Rom angekommen ist, hat Piera, die am liebsten zu Hause sitzt und malt, keine ruhige Minute mehr. Sie machen Aerobic in einem Sportstudio, gönnen sich einen Besuch bei der Kosmetikerin, *come due signore*, wie zwei feine Damen. Und winden sich in Lachkrämpfen, als sie mit Masken auf dem Gesicht auf Ruhebetten liegen. Sie fühlen sich, als hätten sie dem Schicksal ein Schnippchen geschlagen.

Rita macht sogar eine Abmagerungskur, akribisch führt sie Buch über ihre Erfolge: 59 Kilo, 57,5 Kilo, 56 Kilo. Bald erinnert nichts mehr an das pummelige Mädchen, das schon mit 13 so ältlich aussah wie die eigene Mutter. Piera schenkt ihr die kurzen Shorts, nach denen sie sich schon lange gesehnt hat, die ihr aber ihre Mutter immer verboten hat. Rita kauft sich Stretch-Bodys und färbt sich die Haare rot. *Buttana*, würde ihre Mutter jetzt sagen, »du machst dich zurecht wie eine Nutte.« Dabei sieht sie jetzt nur endlich so aus wie alle jungen Mädchen in den Straßen von Rom: eine, die von Eros Ramazotti träumt und von der Ankunft des Märchenprinzen. Eine, für die das Leben ein Fotoroman ist und kein Trauerspiel.

Piera bekommt 1800000 Lire Unterhalt vom Staat, für Rita wird der Antrag erst vorbereitet. Stell' dir vor, erzählt Piera ihrer Schwägerin: Als das Geld zum erstenmal auf mein Konto überwiesen wurde, wußte ich gar nicht, wofür und von wem.

Piera wollte es nicht, dieses Geld. Sie fühlte sich schlecht, als klebte Blut an ihm. Sie will nicht am Tode von Nicola Geld verdienen. Erst als Borsellino bei ihr anrief und sagte, daß es falscher Stolz sei, dieses Geld abzulehnen, es steht jedem »Mitarbeiter der Justiz« zu, da hat sie es angenommen.

Die Wohnung, die Stromrechnung, alles ist unter falschem Namen angemeldet und wird vom römischen Innenministerium bezahlt. Nur die Telefonrechnung, die bezahlen sie selbst, einen Rest an Stolz wollen sie sich bewahren: Es soll niemand behaupten können, daß sich die beiden *pentite* ein feines Leben auf Staatskosten machen.

Rita, der neuen »Mitarbeiterin der Justiz«, werden die Verhaltensmaßregeln eingeschärft, denen sich beide zu beugen haben. Erstens: Alle Plätze mit großen Menschenmassen sind zu meiden. Zweitens: Jeder Weg, der ein Risiko in sich bergen kann, muß dem Hochkommissariat gemeldet werden, damit eine Polizeieskorte bereitgestellt werden kann. Drittens: Es ist verboten, Fremde in der Wohnung zu empfangen, und ebensowenig dürfen Piera und Rita Besuche in Wohnungen von Unbekannten machen.

Beide sind folgsam, nur manchmal gestatten sie sich eine kleine Regelverletzung. Schließlich kann man nicht immer zu Hause hocken. Ein Besuch im Petersdom muß drin sein. Oder ein Spaziergang in der Villa Pamphili. Einmal gehen sie mit schlechtem Gewissen ins Kino. Es muß ausgerechnet ein Horrorfilm sein, und das, wo sie sich sonst nur Liebesfilme ansehen. Danach haben Piera und Rita solche Angst, daß sie zusammen mit Vita Maria in einem Bett schlafen, und zittern wie Espenlaub. Am nächsten Morgen lachen sie: Kaum zu glauben, daß uns ein blöder Film so eine Angst einjagen konnte! Uns, die wir doch wirklich schlimmere Dinge erlebt haben.

Die Regel, die für Piera und Rita am schwersten einzuhalten ist, ist die, keine Freunde zu besuchen: Schon nach wenigen Tagen freunden sie sich mit den Nachbarn an, die beiden Schwägerinnen nennen sich Margot und Valeria oder Lillian und Valentina. Sie spielen mit ihrer Identität, um ihre Stärke zu zeigen. Die neue Freiheit.

Manchmal gestattet sich Rita eine Extravaganz und nennt sich Vanessa. Sie kämen aus Sizilien, erzählen sie, Pieras Mann sei bei einem Verkehrsunfall ums Leben gekommen, jetzt seien sie mit der kleinen Vita Maria nach Rom gekommen, um Arbeit zu finden. So unauffällig wie möglich soll ihre Lebensgeschichte sein, haben die Polizisten sie ermahnt. Aber bald geht die Phantasie mit ihnen durch: Rita erzählt, sie sei zwanzig Jahre alt und arbeite als Sekretärin im Innenministerium. Sie freut sich wie ein Kind, daß ihr jeder diese Version sofort abnimmt. Und Piera trägt einmal ganz besonders dick auf: Als sie zu einem Empfang in der französischen Botschaft mitgenommen wird, stellt sie sich einem Unbekannten dort als »Volontärin bei der Tageszeitung GIORNALE DI SICILIA« vor. »Oh«, sagt der Unbekannte und fragt interessiert: »Beschäftigen Sie sich also auch mit Mafia?«, und Piera antwortet: »Nein, so weit bin ich noch nicht.« Rita wäre vor Lachen fast erstickt, als ihr Piera das erzählt.

Sie versuchen, ihre Vergangenheit abzustreifen wie einen alten Schuh. Egal, ob Valeria oder Valentina, Hauptsache, nichts erinnert mehr an das, was hinter ihnen liegt. Hier in Rom ist Piera nicht die Witwe eines kleinen Drogenhändlers, der versuchte, die Mörder seines Vaters umzubringen, Rita ist nicht die Tochter von Don Vito. In Rom sind sie junge Frauen wie Millionen andere auch: mit Walkman und Kopfhörern auf den Ohren, ständig auf der Jagd nach Sonderangeboten. Bloß kein Blick zurück. Sie reden über alles mögliche, über neue Freunde, die Kleinigkeiten, die Pieras Mutter ihr am Telefon berichtet hat, sie sprechen auch über Sizilien und hoffen, eines Tages wieder zurückkehren zu können. Nur über eines reden sie nicht: ihre Vergangenheit.

Sie hatten es so beschlossen, gleich am ersten Tag ihres gemeinsamen Lebens in Rom. »Man kann nicht immer mit Erinnerungen leben. Wenn wir unser Leben ändern wollen, dann müssen wir jetzt einen Schnitt machen«, hatte Piera so pragmatisch entschieden, als handele es sich darum, ab morgen den Kaffee ohne Zucker zu trinken. Das alte Leben, das sollte nur noch im Gericht auftauchen, wenn sie vor den Richtern ihre Aussagen machen. Rita ist einverstanden: Natürlich, das Leben ist auch noch etwas anderes als Mafia, man muß nach vorn schauen.

Nicht mal Paolo Borsellino glaubt anfangs, daß die beiden Schwägerinnen nicht miteinander über ihre Aussagen reden. Aber Piera und Rita versichern ihm: Beschlossen ist beschlossen, kein Wort kommt über unsere Lippen. Rita weiß nicht, was Piera in den Verhören sagt, und Piera hat keine Ahnung, was in Ritas Aussagen steht.

Die Zukunft hat begonnen: Piera belegt einen Fernkurs zum Abschluß der mittleren Reife. Rita schreibt sich an einer anderen Hotelfachschule in Sizilien ein. Auch sie lernt per Fernkurs, die Staatsanwaltschaft hat sie von der Anwesenheitspflicht befreit. Und langsam gestatten sie sich, wieder Träume zu haben: Piera sieht sich schon als Polizistin und Rita als Hoteldirektorin.

Sie haben keine großen Ansprüche an ihr Leben als *pentite*. Sie beklagen sich nicht wie andere, nicht mal über die ständigen Umzüge.

Jedesmal, wenn Rita beginnt, die Wände der Wohnung mit Postern zu schmücken und der Tabakhändler an der Ecke unaufgefordert die Schachtel Merit für Piera bereitlegt, ist schon wieder alles vorbei. Ein Carabiniere ruft an und sagt: »Es ist soweit, macht euch bereit.« Ein Umzug steht wieder an, Alltag der *pentiti*. Höchstens drei, vier Stunden vorher wird angerufen. Sobald die »Risikopersonen«, wie Rita und Piera in der Bürokraten-Sprache heißen, sich allzu vertraut in ihrem Stadtviertel bewegen und Lebensgewohnheiten angenommen haben, müssen sie alle Kontakte wieder abbrechen. Sie werden an einen neuen, unbekannten Ort gebracht, wo sie bei Null anfangen müssen. Achtmal packten Rita und Piera in diesem Winter ihre Habseligkeiten in Koffer, Tüten und Kartons. Jedesmal wird es mehr: Spielzeuge für Vita Maria, ein tragbarer Fernseher, Kleider. Oft haben sie ein schlechtes Gewissen, wenn sie ihre neuen Freunde so über Nacht im Stich lassen und sich wie Diebinnen davonschleichen. Denen, die ihnen besonders am Herzen liegen, schreiben sie danach sogar Briefe, in denen sie sie über ihre wahre Identität aufklären.

In den ersten Monaten in Rom sind die Carabinieri die einzigen Konstanten im Leben von Piera und Rita. Mit ihnen gehen die beiden schon bald wie mit alten Freunden um.

Die Beamten nennen Rita die *mafiosa in gonella*, die Mafiosa im Röckchen. Und Rita lacht.

14

Ich bin eine Atria

Der Mafia-Mythos ist auf Sizilien bis heute ungebrochen. Ein Staat, dessen politische Klasse sich vor allem durch Korruption hervortut, liefert keine positive Gegen-Moral. So können Mythen weiterleben: Mythen von der Mafia als »Geheimbund für Auserlesene«. Legenden von der »edlen alten Mafia«, die, unberührt von der Verderbnis des modernen Lebens, sich ritterlich für Arme und Entrechtete einsetzt, anders als die »neue« Mafia, die, verdorben durch die Milliarden aus Drogenhandel und Bauspekulation, keine »Ehre« mehr zeigt. Fabeln vom Mafioso, dessen Morde nie Selbstzweck, sondern immer einer höheren Ordnung unterstellt sind.

Ihren Gläubigen liefert die Mafia ein festes Regelwerk zur Bewältigung des Lebens. Sie gibt ihnen Zugehörigkeitsgefühl und entlohnt ihre Treue mit Prestige.

Die Logik der Cosa Nostra ist Ritas Logik. Sie ist ein Kind der Mafia und will *vendetta*. Als Rita zum erstenmal der Ermittlungsrichterin Alessandra Camassa in der Staatsanwaltschaft von Marsala gegenübersitzt, ahnt sie nicht, daß diese Verhöre ihr Weltbild zerstören werden.

Das Familiengrab, links unten der Grabstein von Nicola Atria.

Rita Atria mit ihrer Nichte Vita Maria, Pieras Tochter.

Rita Atria am Strand von Capopalo.

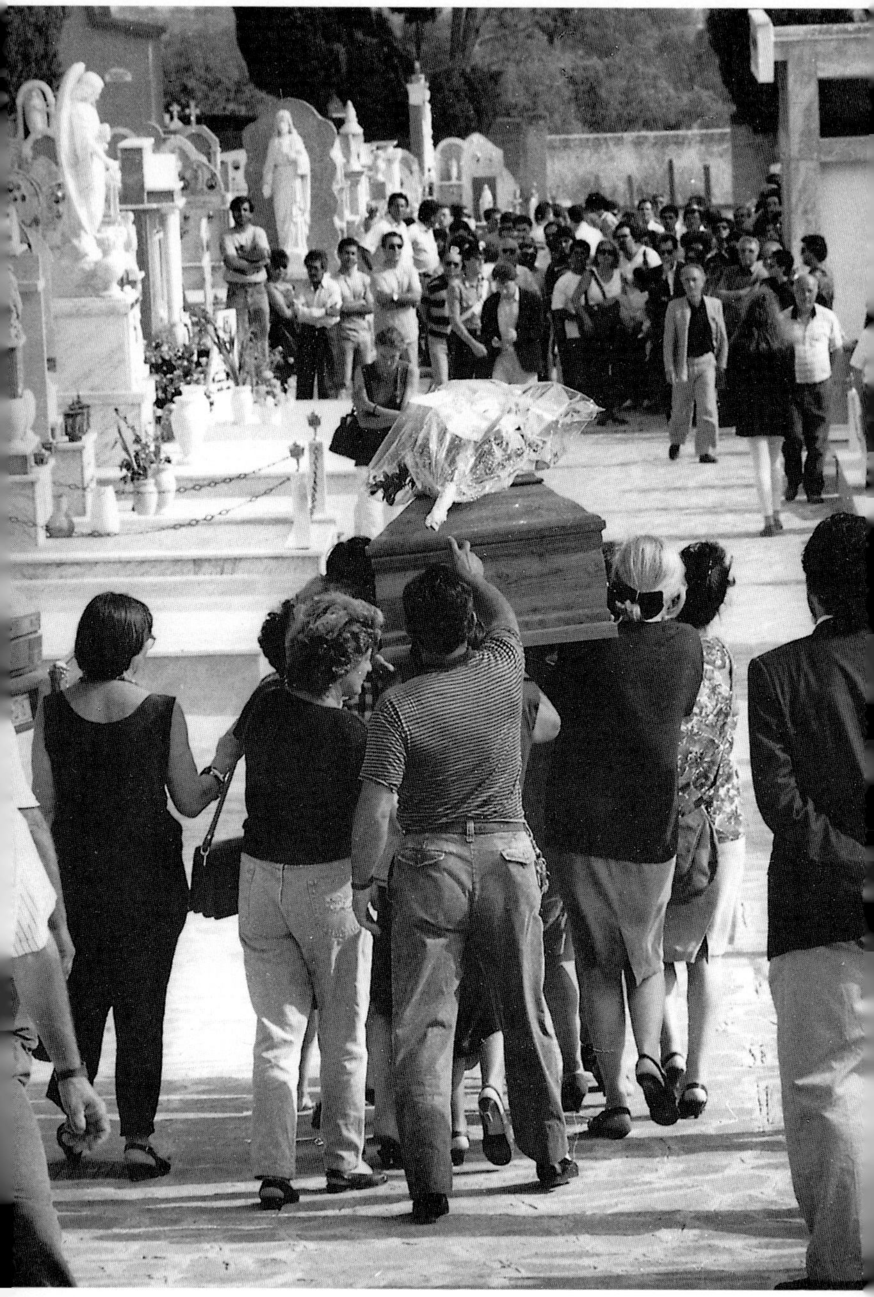

Ritas Beerdigung: Acht Frauen aus Palermo tragen ihren Sarg.

Schweigemarsch anläßlich des ersten Todestages von Rita Atria. Auf dem Transparent steht: »Rita ist mit uns«, unterzeichnet von den »Hungerstreik-Frauen« aus Palermo.

Gedenkminute an Ritas Grab. Im Vordergrund rechts die Schwester des ermordeten Richters Paolo Borsellino, neben ihr die Mutter von Piera Aiello.

Frauen aus Palermo legen an Ritas Grab Blumen nieder.

Schweigemarsch durch Partanna, in der Mitte die sizilianische Abgeordnete Letizia Battaglia.

Die Mitglieder der Bürgerinitiative »Comiteto Società Civile Partanna«.

Das Plakat »Danke, Rita«: »Rita Atria, 18 Jahre alt, aus Partanna, ermordet durch die Mafia. – Die Untersuchung begann mit einer Frau und wurde von anderen Frauen fortgeführt – Paolo Borsellino. Die Frauen und Männer des neuen Widerstands.«

Auf den Fluren der Staatsanwaltschaft trifft Rita eines Tages einen Mafioso, von dem sie weiß, daß er mit der Justiz zusammenarbeitet: den *pentito* Rosario Spatola. Obwohl er Rita grüßt, sieht sie einfach durch ihn hindurch. Als Alessandra Camassa sie später fragt, warum sie ihn übersehen habe, antwortet Rita voller Empörung: »Hören Sie, Frau Doktor, ich bin keine Mafiosa, ich war es auch nie, also kann ich mir erlauben, mit der Justiz zusammenzuarbeiten. Aber dieser Spatola ist ein Mafioso, er hat Verrat begangen, und einen Verräter grüße ich nicht.«

Seitenweise schreibt sie in ihrer scharfen Schrift die Namen auf, Namen von Mafiosi und Drogenhändlern, von Killern und Waffenhändlern. Aber ihre Überzeugung bleibt ungebrochen: Die Bösen, das sind die Accardos, die »schlechte Mafia«. Ihren Vater umgibt sie mit einer Gloriole von Heldenhaftigkeit, ein »guter Mafioso«, der tapfer für die ehernen Werte der alten Mafia gekämpft habe: »Alle möglichen Personen haben sich an meinen Vater gewendet«, gibt sie bei ihrem ersten Verhör zu Protokoll. »Er löste für sie die größten Probleme: Familienstreitigkeiten, Diebstahl, Viehdiebstahl. Mein Vater kümmerte sich um all dies, und, soweit ich weiß, ohne daraus ökonomische Vorteile zu ziehen. Es ging ihm vor allem um das Prinzip und um die Wertschätzung, die er in bestimmten, wichtigen Kreisen in Partanna genoß. Ich möchte auch hinzufügen, daß er sogar über wichtige Kontakte außerhalb von Partanna verfügte: in Menfi, in Sambuca, Santa Margherita del Belice, Montevago, Castelvetrano und anderen benachbarten Städten.«

Rita ist zerrissen: Sie empfindet Bewunderung, weil die Mafia ihr Respekt verschaffte – »Ich bin eine Atria« –, und Abscheu, weil sie ihr Vater und Bruder genommen hat. Stolz klingt ihre Stimme, wenn sie über Don Vito spricht, ihren Vater, der alle Gesetze brechen konnte. Und damit bewies, daß er stärker war als all diejenigen, die sich dem Gesetz beugen müssen. Sie spricht über Pistolen des »Kalibers 38«, über die »Notwendigkeit, jemanden zu beseitigen«, mit einer Gelassenheit, als handele es sich darum, Verwandtschaftsverhältnisse zu erläutern. Je kaltblütiger ein Mafioso einen Mord erledigt, desto größer ist sein Ruhm. Alltag der Familie Atria.

»Es gab einen weiteren Vorfall, bei dem mein Vater von einem gewissen Ciaravolo beauftragt wurde, ihm seine Schafe wiederzubeschaffen, die man gestohlen hatte. Auch bei dieser Gelegenheit fand mein Vater das Vieh schnell wieder, allerdings mit durchgeschnittenen Kehlen. (. . .) Das ließ bei Ciaravolo die Überzeugung entstehen, daß der Viehdiebstahl Werk meines Vaters gewesen sei. Zwischen beiden entbrannte ein heftiger Streit (. . .), so daß in meinem Vater der Entschluß reifte, Ciaravolo zu beseitigen. Zu diesem Zweck beauftragte er drei Killer aus Castelvetrano. Der Mord an Ciaravolo geschah, als einer seiner Söhne auf Hochzeitsreise war. Ich habe erfahren, daß zusammen mit Ciaravolo ein weiterer Sohn ermordet wurde. Aber ich glaube nicht, daß mein Vater auch diesen Mord zu verantworten hat. Denn ich glaube nicht, daß mein Vater sich die Hände damit schmutzig gemacht hätte, einen Jungen zu beseitigen, der keine besondere Bedeutung hatte.«

Ein Mafioso mordet nur, wenn seine Opfer »Bedeutung« haben. Nur widerstrebend nimmt Rita die Einwände der Ermittlungsrichterin zur Kenntnis, daß der »ehrenhafte Mord« nichts anderes als Mafia-Legende ist. Ihr Vater – ein gemeiner Krimineller?

Konzentriert und selbstsicher gibt Rita alles zu Protokoll: Es gibt niemanden in Partannas Mafia, dessen Geschichte sie nicht kennt. Daß sie ihr Wissen ausgerechnet einer Frau mitteilen muß, nimmt sie als notwendiges Übel in Kauf. Autorität ist für Rita männlich. Aufgewachsen in einer Welt des Machismo, die Frauen nur die Rolle von Beobachterinnen zuweist, kann sie sich nicht vorstellen, daß diese junge, blonde Frau überhaupt eine Ahnung hat von der Mafia und ihren Gesetzen. Rita hat wenig Geduld mit ihr. Wenn Ermittlungsrichterin Camassa auch nur einmal einen Zweifel an der Glaubwürdigkeit ihrer Aussagen andeutet, dann könnte Rita aus der Haut fahren: »Diese Informationen waren mir ganz selbstverständlich zugänglich, denn schließlich bin ich eine ›Atria‹, und dieser Name ist eine Garantie. Alle, die zu bestimmten Familien gehören, kennen das Gesetz der Verschwiegenheit, und daß es die größte Sünde ist, zu spionieren. In meiner Umgebung ist es schlimmer, vor den Ordnungskräften Aussagen zu machen, als deinen besten Freund umzubringen.«

»Ich bin eine Atria« – daran hält Rita fest. Auch wenn es so scheint, daß sie die Todsünde begeht und mit ihren Aussagen die Mafia denunziert: Der Mafioso ist für Rita der Aristokrat des Verbrechens. Einer, der zu einem höheren Zweck mordet. Noch trägt sie ihren Namen voller Stolz. Aber langsam kommt sie zu der Erkenntnis, daß sie sich jetzt in einer Welt befindet, die sich dieser Logik entzieht. Eine Welt, für die Mord Mord bleibt und nicht eine Rechnung, die zu begleichen ist. Eine Welt, in der Rita mehr und mehr die Orientierung verliert.

Verhör für Verhör, Aussage für Aussage: In dem unbarmherzigen Licht der Ermittlungen wird Ritas Bild von Nicola, dem tapferen Rächer, und Don Vito, dem allmächtigen *padrone*, immer blasser. Ohne die Logik der Mafia fällt die Gloriole von ihnen ab. Zum erstenmal stellt sich Rita Fragen: Und wenn es stimmt, daß ihr Vater einen wehrlosen, unschuldigen Jungen umgebracht hat? Daß die Hände ihres Vaters, mit denen er ihr so zärtlich über den Kopf gestreichelt hatte, die Hände eines Mörders waren? Und daß Nicolas Mordversuche und sein Drogenhandel sich nicht einfach mit *vendetta* rechtfertigen lassen? Daß es nichts gibt, das den Mord eines Menschen rechtfertigt?

Sollte Alessandra Camassa recht haben? Ist es ein Märchen, daß es eine »gute« und eine »schlechte« Mafia gibt? Daß es keine »alte« und keine »neue« gibt, sondern nur eine Mafia? Eine Mafia, die nie einen Funken von Ehrhaftigkeit zeigt, sondern feige aus dem Hinterhalt mordet, wehrlose Männer, unschuldige Frauen und Kinder? Und das allerschlimmste: Bedeutet Mafia mehr als die Zugehörigkeit zu den Clans der Accardo oder Ingoglia, bedeutet Mafia, eine bestimmte Art zu fühlen, zu denken und zu schweigen – so wie es alle in Partanna tun und wie auch sie es bislang getan hatte? Ist alles Lüge, woran sie geglaubt hatte? Don Vito und Nicola sterben zum zweitenmal.

Eines Tages sagt man ihr einen Satz von Giovanni Falcone: »Wenn wir die Mafia wirklich bekämpfen wollen, dann dürfen wir kein Ungeheuer aus ihr machen, auch nicht eine Krake oder ein Krebsgeschwür. Sondern wir müssen zugeben, daß sie uns ähnlich sieht.« Diesen Satz wird Rita nie mehr vergessen.

Rita spricht mit niemandem über das, was in ihrem Innersten vorgeht. Die Abrechnung mit ihren Ursprüngen macht sie nur mit sich selbst. Sie vertraut sich nicht mal Piera an, sie handelt. Um der Ermittlungsrichterin Alessandra Camassa zu beweisen, daß es ihr ernst ist mit der Aufrichtigkeit, verrät sie auch ihren Jugendfreund, Calògero Cascio.

In ihr Tagebuch schreibt sie:

»Bevor du anfängst, gegen die Mafia zu kämpfen, mußt du dein eigenes Gewissen prüfen – erst wenn du die Mafia in dir besiegt hast, kannst du gegen die in deinem Freundeskreis kämpfen. Denn die Mafia, das sind wir selbst und unsere verkehrte Art, uns zu verhalten.«

15

Blut ist dicker als Wasser

Für Rita bedeutet das Leben in Rom nicht nur Flucht vor der Vergangenheit, sondern auch Flucht vor der Mutter. Wie sehr beneidet sie Piera um ihr unkompliziertes Verhältnis mit ihren Eltern. Piera verbringt manchmal Stunden damit, mit ihrer Mutter zu telefonieren. Wie gerne möchte auch Rita so mit ihrer Mutter umgehen: über Wichtiges und Unwichtiges reden, über das neue Kleid, die neuen Freunde, über Ängste und Hoffnungen. Pieras Eltern haben die Entscheidung ihrer Tochter akzeptiert und unterstützen sie in ihrem neuen Leben. Nur einmal, nur ein einziges Mal möchte auch Rita von ihrer Mutter hören: »Ich akzeptiere das, was du machst.«

Statt dessen ist jedes Telefonat eine Kriegserklärung. Die Mutter schreit, droht, weint und schimpft. Meist endet das Gespräch damit, daß eine von beiden wütend den Hörer auflegt. Rita will sich dann wieder versöhnen, ruft erneut an. Ihre Mutter nimmt aber nicht ab, manchmal tagelang nicht. Später beschwert sie sich bei den Carabinieri und Staatsanwälten, daß ihre Tochter sich nicht wie versprochen telefonisch melden würde.

Giovanna Atria könnte ihre Tochter auch in Rom besuchen, so wie es Pieras Eltern regelmäßig tun. Sie könnte sogar auf Staatskosten fliegen, aber das ist für sie ausgeschlossen: »Aus Partanna gehe ich nicht weg. Wenn meine Tochter mich sehen will, dann muß sie zu mir kommen.« Punkt. Zwar erhöht sich das Risiko für Ritas Sicherheit schon von dem Augenblick an, wo sie einen Fuß auf die sizilianische Erde setzt, aber die Mutter bleibt stur. So stur, daß sie eines Tages sogar Paolo Borsellino und den Carabiniere Mario Blunda wegen Kindesentführung anzeigt. Und es will ihr nicht in den Kopf, daß sie mit ihrer elterlichen Gewalt gar nichts ausrichten kann. Natürlich vermutet Giovanna Atria, daß Rita nicht über Nacht aus Partanna weg mußte, weil ihre Schwiegertochter mit der Justiz zusammenarbeitete. Dunkel ahnt sie, daß Rita aussagt. Daß sie den Ermittlungsrichtern erzählt, was sie zu Hause am Küchentisch gehört hat, wo man von Morden mit einer Beiläufigkeit sprach, als handele es sich um den Kauf eines neuen Traktors.

Es gibt Tage, da verläßt Rita der Mut. Von der Mutter verstoßen, ein Leben in Heimlichkeit und Verstecken, hat das alles überhaupt einen Sinn? Ihrem Tagebuch vertraut sie an:

»Es ist fast neun Uhr abends, ich bin traurig und mutlos, nicht mal träumen kann ich mehr, alles ist dunkel um mich herum. Nicht daß ich sterben werde, ist schlimm, schlimmer ist, daß es mir nie gelingen wird, von jemandem geliebt zu werden. Nie werde ich richtig glücklich sein können, nie werden meine Träume wahr werden. Wie schön wäre es, wenn jetzt Nicola bei mir sein könnte, mit seiner Zärtlichkeit und seinen Umarmungen, wie sehr sehne ich mich danach. Ich weine nur noch, ich brauche meinen Nicola so sehr. Niemand wird jemals die Leere in mir verstehen können, eine Leere, die durch nichts zu lindern ist. Ich habe nichts und niemanden mehr, nur Trümmer sind mir geblieben. Es gelingt mir nicht mal mehr, das Gute vom Schlechten zu unterscheiden, alles ist finster und elend. Ich hatte gehofft, daß die Zeit die Wunden heilen würde, aber die Zeit reißt sie immer mehr auf. Ganz langsam bringt sie dich um. Wann ist dieser Alptraum bloß zu Ende?«

In solchen Momenten der Mutlosigkeit versucht sogar Piera zwischen Rita und der Mutter zu vermitteln und ermuntert sie, doch wieder bei ihr anzurufen – auch wenn es die Mutter nicht verdient. Aber Rita explodiert dann wie eine Flasche, die unter Druck steht: »Du kannst über alles reden, aber meine Familie hat dich nicht zu interessieren«, schleudert sie der verdutzten Piera ins Gesicht, »ich rufe an, wann ich will.« Auch wenn dich deine Familie erstickt, auch wenn du deine Mutter haßt, auch wenn dein Vater ein Mafioso war: Blut ist dicker als Wasser. Auch wenn es dir deine Adern verstopft. Die seltenen Male, an denen Rita es sich gestattet, mit Piera über ihre Familie zu sprechen, enden immer mit dem Satz: »Trotz allem: Er war mein Vater«, oder »Trotz allem: Sie ist meine Mutter.« Es klingt wie eine Beschwörung.

Wenn die Mutter ihr auch die ersehnte Anerkennung verweigert: Eine Person gibt es noch in der Familie, von der sich Rita Unterstützung erhofft – ihre Schwester Annamaria. Annamaria wird ihre Entscheidung verstehen. Schließlich ist ja auch sie aus Sizilien weggegangen. Vielleicht wird sie der Mutter klarmachen können, daß ihre kleine Schwester richtig gehandelt hat. Rita ist begeistert von ihrer Idee: Natürlich, Annamaria, daß ich nicht schon früher darauf gekommen bin, sie anzurufen!

Am Telefon kündigt sie ihren Besuch in Mailand an, ganz kurz will sie sie sehen, morgens ankommen, abends wieder wegfahren. Nur keine Umstände.

Aber Annamaria denkt nicht daran, ihre Schwester Rita zu treffen. Sie ist froh, endlich nichts mehr mit Partanna zu tun zu haben. Sie will nichts davon hören und sehen. Und Rita, der die gesamte Mafia Partannas auf den Fersen ist, die will sie schon gar nicht unter ihrem Dach haben. Annamaria erfindet tausend Ausreden: Nein, ein Besuch sei nicht passend, sie habe auch gerade kein

Auto, um Rita vom Bahnhof abzuholen. Ein anderes Mal vielleicht, aber jetzt sei es wirklich nicht so günstig. Sie wünsche ihr trotzdem alles Gute ... Rita ist erstarrt, als sie den Hörer auflegt. »Meine Schwester hat mich verleugnet«, sagt sie tonlos zu Piera, »jetzt habe ich keine Familie mehr. Ich habe niemanden mehr.«

Drei Tage vor Weihnachten schreibt Rita in ihr Tagebuch. Das Gespräch mit ihrer Schwester hat ihre depressive Stimmung bis zur Schmerzgrenze gesteigert. Rita, die Ungeliebte, macht ihr Testament:

»Wenn ich tot bin, möchte ich, daß zu meiner Beerdigung nur ganz wenige Personen kommen: Meine Schwägerin Piera und ihre Familienangehörigen. Meine Schwester Annamaria, alle Carabinieri, die kommen möchten, und alle Personen, die mir nach dem Tod meines Vaters und Nicolas dabei geholfen haben, Gerechtigkeit zu erfahren. Meine Mutter darf auf gar keinen Fall zu meiner Beerdigung kommen, sie soll mich auch nicht nach meinem Tod sehen. (...) Es soll eine Beerdigung mit vielen Blumen sein, aber ich will keine weißen Blumen. Der Sarg soll schwarz oder weiß sein, auf ihm sollen eine rote Rose und eine Orchidee liegen. Ich möchte schwarz gekleidet werden (...), meine Haare sollen offen sein. Wenn mein Sarg in die Kirche gebracht wird, soll der Organist das »Ave Maria« von Schubert spielen.

Das ist mein letzter Wille, und ich hoffe von ganzem Herzen, daß er respektiert wird.

Ich bin sicher, daß mein Leben nur kurz sein wird. Entweder wird mich eine der Personen umbringen, gegen die ich aussage, oder das Schicksal wird meinen Tod bestimmen. Ich wäre glücklich, wenn ich bei meinem Vater und meinem Bruder sein könnte. Ich hoffe, daß Vita Maria eines Tages lernen wird, ihren Vater zu lieben – auch wenn er Fehler begangen hat. Alles, was Nicola tat, tat er nur, weil es ihm wichtig war. Leider hat man ihm die einzige Person genommen, die ihm Liebe und Zuneigung gegeben hatte. Niemand kann sich den Haß vorstellen, den er verspürte, als man ihm seinen Vater nahm. Mir fehlt mein Nicola so sehr.«

Regelmäßig fliegen Rita und Piera nach Sizilien, um bei der Staatsanwaltschaft von Marsala ihre Aussagen über Partannas Mafia zu machen. Piera freut sich immer auf die Gelegenheit, ein paar Tage mit ihren Eltern zu verbringen. Für Rita ist das Wiedersehen mit der Mutter eine einzige Qual. Die Treffen dauern nie lange, eine Viertelstunde vielleicht oder eine halbe. Immer nehmen sie den gleichen fatalen Verlauf. Rita hofft, daß die Mutter danach fragt, wie sie sich fühlt, und daß sie einmal, nur ein einziges Mal sagt: »Ich bin stolz auf dich.« Statt dessen erstickt ihre Mutter sie mit einer Lawine von Vorwürfen. Vorwürfe, die Rita schon millionenmal gehört hat: Daß Piera eine Lügnerin sei und Nicola ein Nichtsnutz, der sich von Piera hat einwickeln lassen, daß sie es schon immer gewußt habe ... Rita sehnt sich wie eine Verdurstende nach Anerkennung. Sie will doch nur Gerechtigkeit, wie ist es denn möglich, daß die Mutter das nicht versteht? Gebetsmühlenartig wiederholt Giovanna Atria ihr Credo: »Ich habe dich doch ernährt, ich habe dich eingekleidet, obwohl ich ganz allein war, eine Witwe ...« Und Rita antwortet: »Was soll das schon heißen: ernährt? Es reicht nicht, einfach nur zu essen zu geben. Eine Mutter, die ihre Kinder wirklich liebt, unterstützt sie auch. Wenn du uns wirklich geliebt hättest, dann hättest du uns etwas anderes als nur die *vendetta* beigebracht. Hast du gesehen, wie dein Sohn gestorben ist? Er ist gestorben, weil du uns diese Dinge beigebracht hast. Das ist das einzige, was wir von dir gelernt haben: uns zu rächen. Sogar ich räche mich, verstehst du, nur eben auf meine Weise, indem ich mit der Justiz zusammenarbeite.« Wie in einer Spirale drehen sich die Gespräche zwischen Rita und ihrer Mutter. Immer ohne Annäherung, immer ein Ende mit Tränen.

Am 4. Januar 1991 gibt Rita dem Carabiniere Mario Blunda von der Staatsanwaltschaft Marsala zu Protokoll:

»Ich bin spontan und ohne Anmeldung in Ihr Büro gekommen, um Ihnen über einen

Vorfall zu berichten, der sich während meines Aufenthalts in Sizilien ereignet hat. Wie Ihnen bekannt ist, habe ich mich, begleitet von der Sicherheitseskorte Ihrer Abteilung, zur Wohnung meiner Mutter begeben, was auf ausdrücklichen Wunsch derselben geschah. Auf Drängen meiner Mutter bin ich allein mit ihr in ein kleines Zimmer gegangen, weil sie auf einer kurzen Unterredung unter vier Augen beharrte. Während dieser Unterredung bedrohte mich meine Mutter: Sobald sie erfahren würde, daß ich mit der Justiz zusammenarbeite, würde sie dafür sorgen, daß ich genauso wie mein Bruder Nicola ende. Ich antwortete, daß ich keine Angst habe und daß mich nur die Gerechtigkeit interessiere (. . .) Sie teilte mir mit, daß Personen ihres Vertrauens bereit seien, ihren Plan für sie auszuführen. Ich möchte hervorheben, daß Enzo Bianco und Vincenzo Bellini diese Personen sind. Angesichts der Entschlossenheit und der Hartnäckigkeit meiner Mutter habe ich versucht, sie wieder zu beruhigen und ihr zu versichern, daß nichts geschehen sei.«

Rita hält ihre Mutter zu allem fähig. Auch dazu, zwei Killer zu bestellen, damit sie ihre eigene Tochter umbringen. Damit sie endlich schweigt. Nach diesem Vorfall weigert sich Rita, die Mutter wiederzusehen. Sie hat Angst, daß ihre Mutter die Drohung wahrmacht. Erst nach ein paar Wochen stimmt sie einem neuen Treffen zu. Allerdings besteht sie darauf, nicht mehr mit ihr allein gelassen zu werden, und läßt sich von der Staatsanwältin Alessandra Camassa nach Partanna begleiten. Das macht die Mutter um so mißtrauischer. Was soll die fremde Person dabei, wenn ich mit meiner Tochter reden will? Vor der jungen Ermittlungsrichterin hat sie keinen Respekt. Mit Blick auf die Beamten, die sie begleiten, sagt sie ihr: »Aha, Sie haben sogar Leibwächter. Sie werden also tatsächlich beschützt.«

In ihrer Welt hat Giovanna Atria nur in einem Kokon von Lebenslügen überleben können, den sie wie alle anderen Mafiosi-Ehefrauen um sich gesponnen hat. Sie ist darin geübt, die Wahrheit zu verdrängen: Ihre Tochter Rita, übergelaufen zur anderen Seite, zu den *sbirri*, den Schergen? So wie es die feigen *pentiti* heute tun, die den Richtern weiß-der-Teufel-was erzählen? Die Tochter von Don Vito, eine Verräterin? Dahinter steckt nur Piera, redet sie sich ein. Die Schwiegertochter, die sie schon vom ersten Augenblick gehaßt hat: Diese Lügnerin mit ihren Attitüden einer feinen Dame. Nur sie kann das Kind überredet haben, nie wäre Rita von allein auf solch eine Idee gekommen. Und: Was soll Rita auch schon wissen, wir haben uns doch nichts vorzuwerfen?

Ein Universum mit eigener Moral, eigenen Gesetzen, eigener Sprache. Einer Sprache, in der das Wort »Mafia« nicht vorkommt, in der Morde keine Morde sind, sondern ganz alltägliche Erledigungen, um jemanden »zur Vernunft« zu bringen. Eine Welt, in der sich Freundschaften und Allianzen über Nacht in Feindschaften verwandeln können, wo es Tote gibt, die mit Gleichmut registriert werden. Ein Universum, das die Getreuen ernährt und ihnen Achtung und Anerkennung verschafft und aus dem es kein Entrinnen gibt.

Der Ehefrau Angelegenheiten der Mafia anzuvertrauen, bedeutet, den Treueschwur der Cosa Nostra zu brechen. Kein Mafioso kann diese Regel immer einhalten. Die Ehefrau wird zwar nicht informiert, aber sie weiß dennoch alles. Und sie schweigt. Auch Giovanna Atria weiß von Morden und Auftraggebern, sie kennt ihre Namen, aber nie käme ein Wort darüber über ihre Lippen. Eine Mafiafrau kennt kein Unrechtsbewußtsein. Den Gedanken, daß Rita, ihre Tochter, anders darüber denken könnte, verbietet sie sich. Nichts läßt Giovanna Atria unversucht, um ihre Tochter davon abzubringen, das Gesetz der Cosa Nostra zu brechen.

16

Paolo Borsellino

Es ist Paolo Borsellino, der trotzdem versucht, daß Rita den Kontakt zu ihrer Mutter aufrechterhält. Wenn Rita nach einem Treffen wieder weinend in seinem Büro am Gericht von Marsala sitzt, legt er väterlich den Arm um sie und redet ihr wieder gut zu: »*Rituzza*, ich weiß, wie schlimm es für dich ist. Aber versuche, sie trotzdem zu ertragen, sie ist doch deine Mutter.« Für diese Sätze liebt ihn Rita. Niemand versteht so gut wie er ihren Zwiespalt zwischen Haß und Liebe, zwischen Ablehnung und Sucht nach Anerkennung.

Schier grenzenlos wird ihre Bewunderung, wenn Paolo Borsellino bei einem Treffen mit ihrer Mutter anwesend ist. Die einzige Person auf der Welt, der es gelingt, die Bedrohlichkeit ihrer Mutter zu bremsen. Etwas, das Rita nur von ihrem Vater kannte. Rita traut ihren Augen kaum. Vor Borsellino fällt Giovanna Atria nicht in ihre üblichen Beschimpfungstiraden, sie droht nicht, sie zetert nicht, sie beleidigt nicht, sondern sagt ehrfürchtig: »Ja, Herr Richter« und »Ich vertraue Ihnen«. Rita hat nur eine Hoffnung: Wenn es überhaupt jemandem gelingen kann, der Mutter klarzumachen, daß ihre Tochter die richtige Entscheidung getroffen hat, dann kann es nur Borsellino sein. »Nimm es nicht so schwer, *Rituzza*«, sagt er zu ihr, »eines Tages wird dich deine Mutter verstehen, und bis dahin bist du nicht allein, du hast ja mich.« Er füllt die Lücke in Ritas Leben. Er ist ihr Held.

Vom ersten Tag an, an dem Paolo Borsellino ihr im Gericht von Marsala vorgestellt wird, vertraut sie ihm vorbehaltlos. Ein Übervater aus einer anderen, besseren Welt: großbürgerlich, gebildet, elegant. Eine Welt, von deren Existenz Rita bislang nichts ahnte. Und er läßt sie an dieser Welt teilhaben. Er betont nicht die Unterschiede zwischen ihnen, sondern die Gemeinsamkeiten. Er erzählt ihr, daß er zwei Töchter, Lucia und Fiammetta, im Alter von Rita und Piera hat. Und ermahnt sie, ihn nicht mit »Herr Doktor« oder »Herr Oberstaatsanwalt«, sondern mit »Paolo« anzusprechen. Rita fühlt sich geborgen. Borsellino ist der einzige, von dem sich Rita nicht beurteilt fühlt, sondern akzeptiert, mitsamt ihren Zweifeln und Widersprüchen. Er sieht in ihr nicht die Tochter eines Mafioso, sondern ein junges Mädchen mit Hunger nach Gerechtigkeit.

Er ist besorgt, wenn sie niedergeschlagen ist, streichelt ihr über den Kopf und nennt sie *picciridda*, meine Kleine, wie es ihr Vater immer tat. Für Vita Maria, Pieras Tochter, bringt er Süßigkeiten mit, er läßt sie in seinem Sessel sitzen und mit Kugelschreibern, Zetteln und Radiergummis spielen. »Er ist mehr als ein Vater«, sagt Piera, »denn ein Vater kann jeder werden. Aber nicht jeder beschützt dich, erzieht dich und bringt dich so im Leben voran wie Paolo Borsellino.« Bei seinem Namenstag am 29. Juni zerbrechen sich die beiden Schwägerinnen schon Wochen vorher den Kopf, was das richtige Geschenk für ihn wäre: Eine Zigarettenspitze vielleicht? Oder eine Flasche Grappa? Schließlich entscheiden sie sich für Whisky und schicken aus Rom eine Flasche Chivas Regal – »an unseren Richter«.

Als Paolo Borsellino an das Bezirksgericht von Palermo wechselt, führt Ermittlungsrichterin Camassa die Verhöre allein weiter. Aber auch aus Palermo verfolgt Borsellino die Ermittlungen: Kein Verhörprotokoll, das nicht von ihm gelesen wird. Um »seine« Frauen, wie er sie lächelnd nennt, kümmert er sich weiterhin: Heimflüge, die Polizeieskorte, die Rita und Piera in Sizilien begleitet – die ganze Logistik wird von Borsellino organisiert. Rita und Piera halten telefonischen Kontakt zu ihm, einmal im Monat treffen sie sich in der Staatsanwaltschaft von Marsala oder beim Hochkommissariat in Rom.

Jeden Satz von Paolo Borsellino, jede Anekdote hüten Rita und Piera wie einen Schatz. Bei seinem letzten Verhör sind fünf Frauen versammelt: Staatsanwältin Morena

Plazi, Alessandra Camassa, Rita, Piera und die kleine Vita Maria. Paolo Borsellino sagt grinsend: »Bei mir zu Hause sind drei Frauen, hier fünf, das reicht, basta.« Vor dem Verlassen des Büros fügt er noch an: »Das sind Dinge, die ihr Frauen unter euch ausmachen müßt.«

Paolo Borsellino ist für viele eine Vaterfigur: Für die *Giudici-ragazzini* der Staatsanwaltschaft Marsala, die »Kinder-Richter«, wie die italienische Presse sie tituliert. Für die jungen Staatsanwälte ist Sizilien die erste Station nach dem Universitätsabschluß. »Er hat uns adoptiert«, sagen die jungen Ermittlungsrichter Alessandra Camassa, Antonino Ingroia, Lina Tosi, über ihren Chef: Paolo Borsellino ist es, der ihren Kampf gegen die Mafia-Clans aus Trapani führt.

Eine Vaterfigur auch für viele abtrünnige Mafiosi, die sich nur ihm anvertrauen wollen. Selbst wenn sie bereits ihre Verhöre abgeschlossen haben und sich im sicheren Ausland aufhalten, hören sie nicht auf, »ihren Richter« anzurufen. Sie sprechen mit ihm über Familienprobleme und fragen nach Rat. Sie rufen ihn tagsüber im Büro an, abends zu Hause und am Funktelefon. Auch wenn seine Familie protestiert: Borsellino hört zu, sucht nach Möglichkeiten, um Lücken im Schutzsystem der *pentiti* zu füllen – und hilft.

Borsellini ist neben Giovanni Falcone derjenige Richter, der in Italien das »*Pentiti-*

Modell« am vehementesten gegen die lauter werdende Kritik verteidigt: Die Justiz könne nicht auf Mafiosi bauen, Massenmörder und Schwerverbrecher, die durch ihre Aussagen auf Straferlaß hoffen, heißt es. Und: Die *pentiti* seien nur ein gewaltiges Täuschungsmanöver der Mafia, mit gezielten Falschaussagen würden die Ermittler beeinflußt. Borsellino hält hartnäckig dagegen: »Der beste Beweis, daß ein Mafioso wirklich der Mafia abschwört, ist der, daß er mit der Justiz zusammenarbeitet.« Unnachgiebig kämpft er für juristische Reformen: für Straferlasse, für ein besseres Schutzsystem auch für die Familienangehörigen der reumütigen Mafiosi.

Seine besondere Sympathie gilt den »Mitarbeiterinnen der Justiz«, die freiwillig ihre Aussagen machen und dafür ein Leben im Versteck auf sich nehmen. Witwen oder Töchter von Mafiosi wie Piera und Rita. »Wir müssen uns davor hüten, jemanden zu kriminalisieren, der unschuldig ist«, warnt er seine Richterkollegen: »Diese Personen haben in ihrem Leben nie etwas Böses getan, ihre ›Schuld‹ besteht nur darin, mit kriminellen Personen verwandt oder verheiratet zu sein.«

Auch Rita leidet darunter, als *pentita* zu gelten. Wer wird sie besser als Paolo Borsellino verstehen? Sie schreibt einen Brief an ihn:

»Lieber Herr Richter,
ich schreibe Ihnen, weil mich einige Worte verletzt haben, die jemand über mich gesagt hat: Man hat mich als *pentita* der Mafia bezeichnet. Es hieß, ich sei die jüngste *pentita* Italiens, weil ich erst 17 Jahre alt bin. Aber ich fühle mich überhaupt nicht als *pentita*, weil ich nie eine Mafiosa gewesen bin. Ich will einfach nur den Mut finden, ›unserem‹ Sizilien zu helfen, sich aus der Umklammerung der Mafia zu befreien. Durch Sie habe ich erfahren, was es bedeutet, Mut zu haben. Von Ihnen habe ich sehr viel gelernt, als erstes, daß es wichtig ist, sich nie der Übermacht zu beugen. Aber vor allem haben Sie mich gelehrt, daß man nur durch die Wahrheit mit seinem Gewissen ins reine kommt. In den letzten Monaten habe ich gelernt, daß die Justiz keine großen Worte braucht, sondern echte, beweisbare Aussagen, konkrete Tatsachen: Mut und Vernunft sind wichtiger als Gefühle. Mein Vater ist von der Mafia ermordet worden. Mein Bruder ist von der Mafia ermordet worden. Ich will nicht, daß noch mehr Väter und Brüder von der Mafia umgebracht werden. Und solange Sie an meiner Seite sind, werde ich keine Angst haben, zu sprechen.«

Niemand braucht seine Unterstützung so wie Rita. Niemand analysiert sich selbst so unnachsichtig wie Rita Atria, die jüngste »Mitarbeiterin der Justiz« Italiens. Mit der

Unversöhnlichkeit einer 17jährigen rechnet sie mit ihren Ursprüngen ab. Ihr Weltbild zerbröselte in den Verhören wie morsches Holz. Ihre Familie verleugnet sie. Rita hat nur noch Paolo Borsellino. Er erklärt ihr Zusammenhänge, sein Kampf wird zu ihrem Kampf. Er ist ihre einzige Hoffnung auf Gerechtigkeit.

17

Gabriele

Es war einer der Tage, an dem Rita das Gefühl hatte, daß ihr Leben eine Nummer zu groß für sie ist: Verhöre, Staatsanwälte, Verhaftungen, eine Mutter, die ihr droht, sie umzubringen, die Schwester verleugnet sie, ein Leben im Versteck. Ist unser Leben überhaupt lebenswert? Ich bin doch erst 17 Jahre alt . . . Piera, die Bodenständige, rät zu einem Spaziergang an ihren Lieblingsplatz: Geh zu San Pietro. Die Seele auslüften.

Rita liebt den Platz: Pilgergruppen aus Afrika, kichernde japanische Touristinnen, die Hellebarden in ihren pludrigen Hosen – immer wieder zieht es sie dahin, als wolle sie sich beweisen, daß er wirklich existiert. Der Platz, den sie bislang nur aus dem Fernsehen kannte.

Den ganzen Nachmittag bleibt sie verschwunden, und Piera ist beunruhigt, als sie Stunden später wieder auftaucht. Und wie sie auftaucht: außer Atem, die Wangen leicht gerötet. »Was ist denn mit dir los?« fragt Piera, als Rita zur Tür hereinkommt. Rita hat auf diese Frage nur gewartet, und ein Das-kannst-du-dir-gar-nicht-vorstellen sprudelt aus ihr heraus: Im Petersdom hat mich ein

Typ verfolgt, einer im Trenchcoat, ich habe solche Angst gekriegt! Piera schaut sie beunruhigt an. Schließlich ist es ihnen verboten, dort spazierenzugehen, die Polizisten hatten recht gehabt . . . Aber Rita unterbricht sie: Hör' dir erst mal an, was dann passiert ist. Du wirst es nicht glauben.

Um den Verfolger abzuschütteln, war sie ins Freie gestürzt. Als sie gerade glücklich auf einer Bank in der Sonne sitzt, mit dem Walkman auf den Ohren, um sich von dem Schreck zu erholen, da setzt sich doch derselbe Typ neben sie auf die Bank. Rita denkt an die Accardos, die Ingoglias, an all die Killer aus Partanna und daß jetzt ihre Stunde gekommen sei und schreit: »Was willst du von mir?« Doch der junge Mann grinst nur und sagt: »Du bist zwar ganz schön dickköpfig, aber du gefällst mir. Ich heiße Gabriele.«

Rita und Piera können sich vor Lachen kaum halten. Daß einer einem Mädchen hinterherläuft, weil er sie kennenlernen will, hatten sie vor lauter Mißtrauen und Verfolgungsangst schon völlig vergessen. Wie einfach das Leben sein konnte.

Gabriele sagt zu ihr: »Du kommst wohl auch aus Kalabrien, du hast den gleichen Akzent wie ich.« Vor lauter Freude über die harmlose Absicht ihres Verfolgers sagt Rita: »Ja, ja, es stimmt. Ich komme aus Kalabrien«, und: »Ich heiße Margot.« Aber irgend etwas sträubt sich in ihr, ihn gleich zu Anfang zu belügen. Verlegen fügt sie hinzu: »Aber alle nennen mich Rita.«

Gabriele ist zwei Jahre älter als Rita und hat sich bei der Marine verpflichtet. Jetzt macht er seinen Wehrdienst in Rom. Wie auf einer Wolke schwebt Rita dem nächsten Treffen entgegen. Um den Mund ein entrücktes Lächeln, schildert sie Piera jedes Detail des Märchenprinzen: Schlank sei er und mittelgroß, mit dunkelblonden Haaren. Und erst die Augen! Augen, die ihre Farbe verändern, manchmal sind sie himmelblau, manchmal fast schwarz. Piera, solche Augen hast du noch nie gesehen, ich muß ihn dir unbedingt vorstellen.

Der Alltag einer »Mitarbeiterin der Justiz« ist jedoch prosaisch. Augen hin – Augen her: Erst mal muß das Hochkommissariat benachrichtigt werden, befindet Piera streng. Sonst können wir ihn nicht in die Wohnung lassen. Und wenn du es wirklich ernst mit ihm meinst, dann mußt du ihm auch die ganze Wahrheit erzählen. Rita erblaßt. Was, wenn er sagt: »Mit einer *pentita* will ich nichts zu tun haben?« Piera wischt ihre Einwände beiseite: Wenn er dich wirklich liebt, dann akzeptiert er deine Geschichte. Sonst ist er es gar nicht wert, daß du deine Zeit mit ihm vertust. Laß' mich nur machen.

Als Piera beim Hochkommissariat anruft und ihr Anliegen erklärt, ist man verunsichert: Für so einen Fall sind die Beamten nicht vorbereitet. Schließlich passiert es nicht jeden Tag, daß sich *pentiti* verlieben. Aber andererseits: Rita ist erst 17, und mit 17 hat sie doch ein Recht auf Verliebtsein? Man erbittet sich ein paar Tage Bedenkzeit. Gabriele, Ritas Zukünftiger, wird heimlich auf Herz und Nieren geprüft: Liegen Vorstrafen vor? Sonstige Auffälligkeiten? Als die Prüfung für Gabriele positiv verläuft, geben die Beamten grünes Licht: Okay, ihr dürft ihn zu euch nach Hause lassen.

Jetzt will Rita es so schnell wie möglich hinter sich bringen, Gabriele die Wahrheit zu sagen. Augen zu und durch. Spätabends, nach einem Pizzaessen, bringt sie Gabriele nach Hause. Piera ist schon im Nachthemd und versucht, ein ernstes Gesicht zu machen. »Hör zu, Gabriele«, sagt sie ihm mit dem strengen Ton einer zukünftigen Schwiegermutter, »wir müssen ein paar Dinge klären. Ist dir Rita wirklich wichtig?«

Gabriele ist auf einen netten Abend vorbereitet und nicht auf eine Gewissensprüfung. Er wundert sich über die Frage. Ist ja wie der Antrittsbesuch bei den Schwiegereltern. »Ja, natürlich«, murmelt er, »ich liebe sie.« Ratlos blickt er zu Rita, die ihm aufmunternd zulächelt. »Dann mußt du wissen, daß wir beide eine Vergangenheit haben«, sagt Piera mit Grabesstimme, und Gabriele macht sich auf das Schlimmste gefaßt. *Gran dio*, großer Gott, was verbirgt sich bloß hinter diesen schwarzen Andeutungen? Am Ende werden diese beiden Mädchen von der Polizei gesucht? Beide sehen so harmlos aus, aber wer weiß, womit sie sich das Geld verdienen . . . Als ahnte Piera seine Befürchtungen, sagt sie: »Wir sind keine Diebinnen und haben nie etwas mit Drogen zu tun gehabt.« »Hauptsache, ihr wart keine Prostituierten«, wirft Gabriele ein, »alles andere ist mir egal.« Piera und Rita fallen vor Lachen fast von den Stühlen.

Und dann erzählen sie ihm von ihrem Leben in Partanna, von der *vendetta*, dem Mord an Nicola und an Don Vito, von ihren Aussagen und der Angst vor Killern, von dem Leben mit einer falschen Identität. Und Gabriele sagt: »Ach, wenn es nur das ist.«

Mit Gabriele zieht die heile Welt in Pieras und Ritas Leben ein. Ausflüge an den Strand von Ostia. Nachmittage auf der Eislaufbahn. Sie schmieden Zukunftspläne. Sobald wie möglich will Rita mit Gabriele in eine eigene Wohnung ziehen. *Un raggio di sole*, ein Sonnenstrahl, ist dieser junge Mann. Das befinden auch Pieras Eltern, die Rita mit den Worten »meine Adoptiveltern« ihrem Freund vorstellt. Sie sprüht vor Lebenslust. In ihrem Tagebuch finden sich keine düsteren Todesahnungen mehr, sondern Liebeserklärungen seitenweise: »Ich möchte in den Wind schreien, wie sehr ich ihn liebe, wie sehr ich mich nach ihm sehne, hoffentlich ist alles nicht nur ein Traum«, schreibt sie, und: »Erst heute weiß ich, daß es Freundschaft und Vertrauen wirklich gibt. Dank eines Engels, den ich entdeckt habe.«

Auch die Ermittlungsrichter sind erleichtert. Gabriele wird ihr über den Verlust der Familie hinweghelfen, sagen sie sich. Er wird sie die Vergangenheit vergessen lassen, hoffen sie. Rita wird neuen Lebensmut finden. Der »Fall« Rita Atria scheint gelöst.

Gabriele will Rita seinen Eltern so schnell wie möglich vorstellen. Er drängt sie jeden Tag. Bis jetzt wissen sie nur, daß er in eine junge Sizilianerin verliebt ist, die keine Eltern mehr hat. Aber Gabriele will ihnen die ganze Wahrheit sagen. »Mach dir keine Sorgen, sie werden dich schon akzeptieren«, sagt er zu Rita. Rita erfindet jedoch tausend Ausreden, um dieses Treffen mit den Eltern hinauszuzögern. Das Drama ist in Ritas Kopf schon vorprogrammiert: Nie wird seine Mutter akzeptieren, daß ihr Sohn mit einer *pentita* zusammen ist, einer Mafiosotochter. Und weil die Familie heilig ist, wird sich Gabriele gegen mich entscheiden müssen.

Im Mai wird Gabriele zum Manöver in Albanien eingezogen. Wie alle Verliebten der Welt versuchen sie, gegen ihre Trennung anzuschreiben: »Mio grande amore, quanto mi manchi«, wie sehr fehlst du mir. Auf lange Briefe von Gabriele, der beteuert, daß er mit den albanischen Mädchen nichts im Sinn hat, folgen endlose Liebeserklärungen von Rita.

Aber ihre Sorge kreist weiterhin um den Tag, an dem sie seinen Eltern vorgestellt werden soll. Das wird ein Tag sein, an dem der Traum zerplatzt, das Ende: »Warum hast du solche Eile?« schreibt sie. »Warum willst du deiner Mutter diese Enttäuschung nicht ersparen? Deine Mutter liebt dich mehr als alles andere auf der Welt. Sie wird nicht wollen, daß du wegen mir leidest.«

Die Zeit zwischen zwei Briefen wird mit Telefonaten überbrückt. Gabriele beklagt sich über die Monotonie seiner Tagesabläufe und schwärmt von den schönen Tagen mit Rita. Immer wieder beschwören sie das Credo der Verliebten. Wie weich sind deine Lippen, wie warm ist deine Haut. Sie werden sich nicht mehr wiedersehen.

18

Der schreckliche Sommer

»Wenn sie mich töten, dann in Palermo«, hatte Giovanni Falcone immer gesagt. Versuche, den lästigen Ermittlungsrichter zu beseitigen, hatte es schon vielfach gegeben. 1989 hatte die Mafia vor seinem Ferienhaus am Meer 58 Sprengsätze installiert. Ein Spitzel aus dem Justizpalast hatte Falcones Absicht, den Tag am Meer zu verbringen, an die Attentäter weitergegeben. Doch Falcone bleibt in Palermo und überlebt so den Mordversuch. Aber er weiß, daß seine Feinde nicht aufgeben werden: »Sie werden es wieder versuchen, ihr werdet sehen«, sagt er. »Die Mafia vergißt nicht und verzeiht nie.«

Seit kurzem arbeitet er im römischen Justizministerium an der Einrichtung einer zentralen Anti-Mafia-Behörde. In Rom hofft Falcone den Intrigen des *palazzo dei veleni* zu entkommen: dem Giftpalast, wie Palermo seinen Justizpalast nennt. Mit Rufmordkampagnen hat man versucht, seine Glaubwürdigkeit zu zerstören. Die Mafia hat auch unter Palermos Richtern ihre Erfüllungsgehilfen.

Am Nachmittag des 23. Mai 1992 fliegt Richter Giovanni Falcone in Begleitung seiner Frau Francesca Morvillo für ein Wochenende von Rom nach Palermo. Es ist ein Flugzeug des Geheimdienstes, das den Richter nach Sizilien bringt, Flugroute und Ankunftszeit sind geheim, so heißt es. Nur seine dortigen Leibwächter seien über seine Pläne informiert. Aber Falcones Mörder stehen schon bereit.

Unter der Autobahn, die vom Flughafen nach Palermo führt, haben sie in einem Abwasserrohr eine Bombe mit 600 Kilogramm hochexplosivem Trotyl präpariert, das per Funksignal explodieren soll. Etwa 300 Meter von der Stelle entfernt, an der Falcone sterben soll, warten vier Mafiosi an einem kleinen Hügel und rauchen ungeduldig eine Zigarette nach der anderen. Mit einem tragbaren Telefon in der Hand warten sie auf die Information, daß die Autokolonne mit dem Richter vom Flughafen Capaci in Richtung Palermo losgefahren ist.

Das Flugzeug landet pünktlich um 17.45 Uhr. Die Eskorte der Leibwächter steht schon bereit: drei gepanzerte Fiat-Croma. Nur der Hubschrauber, der sonst der Kolonne vorausfliegt, fehlt heute. Weil Falcones Frau die rasenden Blaulichtfahrten schlecht verträgt, setzt sie sich wie immer nach vorne. Damit Falcone neben seiner Frau sitzen kann, bietet sein Fahrer Giuseppe Costanza an, ihm das Steuer zu überlassen. Das rettet dem Leibwächter das Leben.

Mit 160 Stundenkilometern fahren die drei Autos in Richtung Palermo. Die Autobahn wird von verkrüppelten Olivenbäumen und Kakteen gesäumt. Fast zum Greifen nah ragt die Isola delle Femmine aus dem Meer, die »Insel der Frauen«, ein felsiges und unbewohntes Eiland. Falcone spricht mit seinem Fahrer über den geplanten Ausflug auf die Ägadische Insel Favignana, der wegen des schlechten Wetters ausfallen mußte.

Um zwei Minuten vor sechs zünden die Attentäter die Bombe. Der Wagen, der die Kolonne anführt, wird über hundert Meter durch die Luft geschleudert. »Es war wie der Ätna, der Feuer spuckt«, sagt später ein Augenzeuge. Die drei darin sitzenden jungen Leibwächter werden zerfetzt. Falcones Auto rast gegen den Geröllwall, den die Bombe aufgeworfen hat. Der gepanzerte Wagen wird in zwei Teile gerissen. Als ein erster Helfer eintrifft, atmen Falcone und seine Frau noch. Minuten danach kommen Polizei und Krankenwagen an. Falcone und seine Frau Francesca sterben wenig später im städtischen Krankenhaus.

Italien steht unter Schock: Wie war es möglich, daß die Mafia den bestbewachten Mann des Landes einfach an der Autobahn abpassen und ermorden kann? *Non solo mafia*, titeln die Zeitungen: Es war nicht allein die Mafia, die Falcone umgebracht hat. Man erinnert daran, wie in den letzten Monaten versucht wurde, seine Ermittlungen zu verlangsamen. Wie man seine Kompetenzen beschnitten hat, wie man ihn verdächtigte, Handlanger der *pentiti* zu sein. Bis er sich entschloß, nach Rom zu gehen.

Bei Falcones Beerdigung zelebriert der italienische Staat das immer gleiche Ritual der Ohnmacht: Politiker bekräftigen wortreich ihre Entschlossenheit im Kampf gegen die Mafia – nachdem sie sich heimlich über die Sakristei in die Kirche geschlichen haben, um der Wut der Menschenmenge draußen zu entgehen. *»Vergogna, Vergogna«*, Schande über euch, rufen die Menschen haßerfüllt, und: Mörder, Schakale, Hyänen – kein Schimpfwort ist stark genug, um ihren Gefühlen Ausdruck zu geben. Als die junge Witwe eines Leibwächters weinend eine Grabrede vorliest, hält ganz Italien den Atem an. Gestützt von einem Priester, der sie immer zum Weiterlesen ermutigt, schiebt sie die nichtssagenden Worte beiseite, um das herauszuschreien, was sie wirklich fühlt: »Auch hier in der Kirche sind sie, die Mafiosi«, und *»troppo sangue, non c'è amore qui, non c'è amore per niente«* – zuviel Blut, es gibt keine Liebe hier, keine Liebe für nichts und niemanden.

Mit Falcone wurde das Symbol für das »andere Italien« zerstört. In dem Mord an ihm sieht das Land den endgültigen Beweis für die Verstrickung von Mafia und Politik. Den endgültigen Sieg des »Anti-Staats«.

Nach dem Tod seines Freundes und Kollegen ist Paolo Borsellino verzweifelt. In seinen Armen hatte Giovanni Falcone seinen letzten Atemzug getan. Weinend sagte Borsellino zu den Journalisten: »Jetzt ist alles vorbei. Was für einen Sinn hat unser Leben? *Basta, basta.*«

Giovanni Falcone und Paolo Borsellino waren im selben Stadtteil von Palermo aufgewachsen, beide hatten an der selben Universität Jura studiert, beide verhörten oft *pentiti* zusammen, beide arbeiteten im *pool-antimafia*, dem Zusammenschluß von Ermittlungsrichtern, der den Maxi-Prozeß gegen die Mafia ermöglichte. Nach dem Attentat an Falcone lebt Borsellino mit der Gewißheit, der nächste zu sein.

Freunden vertraut er in den Wochen nach dem Attentat an: »Sie haben den Sprengstoff für mich schon besorgt.« Entgegen seiner Gewohnheit fährt er nur noch allein in seinem gepanzerten Wagen mit den Leibwächtern – er will seiner Frau das Schicksal von Falcones Frau ersparen. Als seine Tochter Fiammetta zu einer längeren Reise nach Bali aufbricht, bittet er sie, sich regelmäßig zu melden und Telefonnummern zu hinterlassen: »Sonst finde ich dich nicht, wenn sie mich umbringen.«

Borsellinos Familie lebt seit Jahren mit der ständigen Bedrohung. Im Sommer 1985, kurz vor dem sogenannten Maxiprozeß gegen die Mafia wurden Falcone und Borsellino mitsamt ihren Familienangehörigen auf der bei Sardinien gelegenen Insel Asinara in einem Gefängnis kaserniert – aus Sicherheitsgründen. Seitdem war das Leben der Familie Borsellino von der Angst vor einem unsichtbaren Feind beherrscht. Lucia, die älteste Tochter, erkrankte an Magersucht, von der sie sich nie wieder richtig erholt hat.

In den Wochen nach Falcones Tod bemerkt Borsellinos Frau beunruhigt die Rastlosigkeit, mit der er arbeitet. Er will das Werk von Giovanni Falcone fortsetzen und wird als sein möglicher Nachfolger für die zentrale Anti-Mafia-Behörde betrachtet. Ein *pentito*, der bislang seine Aussagen nur vor Giovanni Falcone machte, verlangt ausdrücklich, jetzt mit Paolo Borsellino zu reden. Es wird nicht mehr dazu kommen.

Borsellinos Familie verbringt den 19. Juli 1992 in ihrem Ferienhaus in Villagrazia. Es ist ein Sonntag, Borsellino hatte einen befreundeten Geschichtsprofessor besucht. Später ruft er bei seiner Mutter an, die zusammen mit seiner Schwester in Palermo in der Via d'Amelio wohnt, und kündigt seinen Besuch an. Es soll ein kurzer Besuch sein, bevor er nach Deutschland abreist, um in Mannheim einen *pentito* zu verhören.

Als Borsellino nachmittags um fünf vor fünf das Haus seiner Mutter verläßt und in den gepanzerten Wagen einsteigen will, explodiert die Bombe. Paolo Borsellino und seine fünf Leibwächter sind sofort tot. Verbrannt und bis zur Unkenntlichkeit verstümmelt. 57 Tage nach Falcone.

Seine Mörder hatten das Telefongespräch mit seiner Mutter abgehört, stellt man zehn Tage später fest. Die Bombe war in einem Auto versteckt worden. Die Wucht der Explosion zerstörte sechs Wohnhäuser und ließ 51 Autos in Flammen aufgehen. Viele Anwohner wurden schwer verletzt.

Am nächsten Tag die Schlagzeile: »Nun auch Borsellino«. Das Fernsehen zeigt rund um die Uhr Sondersendungen. *»La brutta estate«*, der schreckliche Sommer, *»L'estate delle strage«*, der Sommer der Massaker, *»L'Italia del disonore«* – das Italien der Ehrlosigkeit, die Journalisten suchen mit einer Rastlosigkeit, die hilflos wirkt, nach Erklärungen. Mit Bildern, Interviews und Diskussionen versuchen sie das Unfaßbare faßbar zu machen. Wie war es möglich, daß die Mörder Borsellinos Telefon abhören konnten, um ihn vor der Haustür seiner Mutter in die Luft zu sprengen? In einer Straße, in der Borsellino regelmäßig auftauchte, konnten sie ungestört eine Autobombe installieren? »Palermo ist Beirut«, heißt die Formel, auf die man sich einigt.

Borsellinos Familie lehnt ein Staatsbegräbnis ab. Was soll die immer gleiche Wiederkehr der Phrasen, wenn sich doch nichts ändert?

Immer wieder zeigt das Fernsehen das Bild eines weinenden alten Herrn, der *»è finito, è finito«* stammelt, es ist zu Ende. Es ist der Richter Antonino Caponetto, »Erfinder« des Anti-Mafia-Richterpools, Förderer von Falcone und Borsellino. Wenn auch er keine Hoffnung mehr hat, heißt es in Italien, dann ist alles vorbei.

19

Alle haben Angst

Von dem Attentat an Falcone haben Rita und Piera aus dem Fernsehen erfahren. Sie verfolgen danach jede Sondersendung, keinen Bericht lassen sie aus: über Schweigemärsche und Menschenketten in Palermo, wo Tausende von Palermern mit Fackeln durch die Stadt gezogen waren. Sie sehen den »Albero Falcone«, den »Baum der Hoffnung«, wie man ihn in Palermo nennt. Ein Magnolienbaum vor Falcones Haus, an dem Kerzen stehen und an dem täglich frische Blumen und Briefe niedergelegt werden. Und sie sehen einen erstarrten Paolo Borsellino, der seinen Freund zu Grabe trägt.

Hilflos sitzen sie vor den Bildern im Fernsehen. In ihren Augen Tränen der Wut. Niemandem können sie sich mitteilen, keiner darf wissen, wer sie sind, niemand darf erfahren, warum Falcones Tod für diese beiden jungen Frauen mehr bedeutet als das tragische Ende eines Richters. Um sich Mut zu machen, reden sie sich immer wieder ein: Noch gibt es Borsellino, wir dürfen die Hoffnung nicht aufgeben.

Knapp zwei Wochen nach Falcones Tod nimmt Rita an der Hotelfachschule im sizilianischen Erice an den Versetzungsprüfungen teil. Als sie an dem Morgen des 5. Juni 1991 in die Schule kommt, kennt niemand ihren wahren Namen. Rita wird von bewaffneten Polizisten begleitet. Dem verblüfften Prüfungsleiter muß versichert werden, daß es sich um keine Kriminelle handelt. Rita nimmt in einer der hinteren Bänke Platz. Als der Lehrer sie fragt, warum sie von Leibwächtern begleitet werde, antwortet sie ihm: »Das darf ich Ihnen leider nicht sagen. Nicht, weil ich es Ihnen nicht sagen möchte. Ich darf aus Sicherheitsgründen nicht darüber sprechen. Aber in ein paar Monaten werden Sie erfahren, wer ich bin.« Und dann beginnt sie mit der schriftlichen Prüfung. Als Aufsatzthema wählt sie einen Kommentar zum Tod von Giovanni Falcone.

»Den Tod jeder anderen beliebigen Person hätten wir mit dem Gleichmut hingenommen, mit dem man den Tod als normales Phänomen registriert, der Richter Falcone aber war das größte Vorbild für all die, die mit Vertrauen auf ihn blickten. Er verkörperte die Hoffnung auf eine neue, anständige, ehrliche Welt. Er war ein Vorbild mit allergrößtem Mut. Mit ihm ist ein Mann gestorben, der mit den Waffen, die ihm erlaubt waren, gegen einen Feind kämpfte, der sich von hinten anschleicht, dich erdolcht und sogar noch stolz darauf ist.

Wie lange wird man wohl von seinem Tod

sprechen? Vielleicht einen Monat oder ein Jahr, aber in dieser Zeit wird es nur wenige geben, die den Mut haben, weiterzukämpfen. Richter, Staatsanwälte, Mitarbeiter der Justiz, abtrünnige Mafiosi – alle haben jetzt mehr Angst denn je. Alle fühlen, daß sie niemand wirklich beschützt. Keiner wird vor dem, was man Mafia nennt, gerettet werden können. Aber vor allem sollten sie sich vor ihren sogenannten Freunden hüten: vor den Abgeordneten, den Rechtsanwälten, Männern und Frauen, die sich hinter ihrem hohen sozialen Prestige verstecken. Niemandem wird es je gelingen, ihnen die Maske der Ehrbarkeit vom Gesicht zu reißen. Wir hören ihnen zu und führen das aus, was sie uns befehlen: die einen für Geld, die anderen aus Angst.

Vielleicht ist dein Vater das, was man volkstümlich einen ›Boß‹ nennt. Und wie er willst auch du eines Tages Chef einer großen Mafia-Organisation werden: Herrscher über Männer, die alles tun, was du willst, wenn du nur mit dem Finger schnippst. Sie werden dir dienen und dir helfen, Geld zu machen – ohne auf etwas Rücksicht zu nehmen. Sie haben kein Herz und keine Seele. Denn ihre wahre Mutter ist die Mafia.

Mit dem Mord an Falcone haben diese Männer uns beweisen wollen, daß sie immer siegen werden, daß sie immer die Stärkeren bleiben und daß es in ihrer Macht steht, jeden umzubringen. Es war ein Signal, das Verwirrung stiften und Angst verbreiten soll. Die Wirkung zeigt sich schon: Die ersten *pentiti* ziehen ihre Aussagen zurück. Manche haben Angst, wie Contorno, der der Justiz vorwirft, ihn nicht genügend zu beschützen. Aber was können Minister, Polizei und Carabinieri schon ausrichten? Wenn du um Schutz bittest, gewährt man ihn dir, aber bald merkst du, daß sie nicht die geeigneten Mittel haben, um deine Unversehrtheit zu garantieren: Es mangelt an Personal, an gepanzerten Autos, und es fehlen die geeigneten Gesetze, die dafür sorgen, daß dich niemand entdeckt. Man kann dir keine neue Identität geben. Du fliehst vor der Mafia, die alle Mittel hat, und suchst Schutz bei einer Justiz, die über keinerlei Waffen zum Kampf verfügt. Die einzige Hoffnung, die bleibt, ist die, nie aufzugeben. Solange es Richter wie Falcone, Paolo Borsellino und viele andere geben wird, dürfen wir nicht aufgeben. Wahrheit und Gerechtigkeit werden alles und alle überleben. Es gibt nur einen Weg, die Mafia zu vernichten: Man muß den Jugendlichen, die in der Mafia leben, bewußt machen, daß es noch eine andere Welt gibt: Eine Welt, die aus einfachen, aber schönen Dingen besteht. Eine Welt, in der man dich so nimmt, wie du bist – und nicht weil du der Sohn von irgend jemand bist. Oder weil du ein Schmiergeld gezahlt hast, damit man dir einen Gefallen tut.

Vielleicht wird es nie eine ehrliche Welt geben, aber niemand kann uns schließlich daran hindern, davon zu träumen. Wenn jeder von uns versucht, sich zu ändern – vielleicht schaffen wir es ja dann.«

Noch klingt Rita kämpferisch. Ein Schulaufsatz wie ein Vermächtnis. Wie viele Italiener beschwört sie nach Falcones Tod das »Sie dürfen nicht durchkommen«, den Schlachtruf der Anti-Mafia-Bewegung. Und klammert sich an ihren Hoffnungsträger, Paolo Borsellino.

Der 19. Juli 1992 ist ein Sonntag. Eigentlich wollen Rita und Piera nach Ostia fahren. Gabriele hat Piera sein Auto für die Zeit geliehen, in der er in Albanien ist. Seither vergeht kein Wochenende ohne einen kleinen Ausflug. Ritas Lieblingsziel ist das Meer, aber an diesem Wochenende regnet es in Strömen. Beide haben es sich mit Vita Maria zu Hause gemütlich gemacht, sogar der Fernseher bleibt aus. Rita hat sich mit Freunden verabredet, sie wollen erst eine Pizza essen gehen und danach einen kurzen Abstecher in eine Diskothek machen. Am frühen Abend ist Rita mit der Lösung der Kleiderfrage für den Diskoabend beschäftigt: Lieber Hose oder lieber Rock? Oder doch lieber Shorts? Oder ein Kleid?

Piera will zu Hause bleiben. Sie ruft ihren Vater in Montevago an, es soll der übliche Wie-geht-es-euch?-Uns-geht-es-gut-Anruf sein. Aber kaum hat Piera *»Pronto?«* gesagt, da ruft ihr Vater aufgeregt ins Telefon: »Ja, ja, ich weiß, sie haben Borsellino umgebracht.« Piera wird bleich. Ungläubig stammelt sie: »Aber was sagst du denn da?« Doch ihr Vater merkt nicht, daß Piera und Rita noch nichts von dem Attentat wissen. Und in ahnungsloser Unbarmherzigkeit wiederholt er: »Ja, eine Bombe war es, eine Bombe hat ihn zerrissen.« Das Telefon fällt Piera aus der Hand, gegen die Wand gelehnt rutscht sie langsam zu Boden.

Als Rita die schluchzende und zitternde Piera sieht, kommt sie aus ihrem Zimmer herbeigelaufen und legt die Arme um sie: »Was ist los? Ist deinen Eltern etwas passiert?« Und Piera antwortet: »Nein, sie haben Borsellino umgebracht.«

Rita schreckt zurück, als hätte sie sich an ihr verbrannt. Leise sagt sie: »Das glaube ich nicht.« Langsam geht sie über den Flur wieder in ihr Zimmer zurück. Sie zieht sich weiter an. Als wäre nichts geschehen. Wenig später verläßt sie die Wohnung wie geplant, um zum Tanzen zu gehen. Sie will die Normalität erzwingen. Mit starren Augen sagt sie zu Piera: »Borsellino ist nicht tot. Es ist nichts passiert.«

In den Tagen nach dem Mord an Borsellino bewegt sich Rita, als lebe sie in einem schalldichten Raum, in dem man die Geräusche von draußen nur weit entfernt wahrnimmt.

Sie sieht nicht fern und liest keine Zeitungen. Sie weigert sich, über Borsellinos Tod zu sprechen. Nur langsam läßt sie sich von der Wirklichkeit durchdringen. Erst Don Vito, dann Nicola, jetzt Borsellino. Die Wahrheit ist bei Rita angekommen. Zu Piera sagt sie: »Es ist zu Ende. Jetzt ist keiner mehr da, der uns beschützen kann.«

Nie hatten sie gedacht, daß Paolo Borsellino etwas zustoßen könnte. Er war doch so gut bewacht – einfach blöd, so etwas zu glauben. Piera weint den ganzen Tag. Die Ärzte haben ihr Beruhigungsmittel verschrieben. Rita kümmert sich um sie, bringt ihr Tee ans Bett und versorgt Vita Maria. Piera vertraut ihr etwas an, was sie kaum auszusprechen wagt: »Ich sollte es nicht sagen, aber . . . Kannst du dir vorstellen, daß für mich der Tod von Borsellino schlimmer ist als der von Nicola?« Rita nickt. Sie hat Angst, daß Piera, die Zupackende, die ewige Optimistin, jetzt aufgibt. Was soll denn aus ihr werden, wenn Piera sich entschließt, auszusteigen? Piera beruhigt sie: Nein, nein, mach' dir keine Sorgen, ich mache weiter, gerade jetzt dürfen wir nicht nachgeben.

Piera erholt sich langsam von dem Schock. An der Stelle von Fassungslosigkeit macht sich Wut in ihr breit: Jetzt erst recht! Ein Beamter des Hochkommissariats kommt vorbei und fragt, ob die beiden Schwägerinnen weiterhin der Justiz mit ihren Aussagen zur Seite stehen wollen. Nach dem Mord an Falcone und Borsellino haben die *pentiti* und andere Mitarbeiter der Justiz Angst und sind nicht mehr bereit, weitere Aussagen zu machen. Piera antwortet entschlossen: »Jetzt habe ich um so mehr Gründe, weiterzukämpfen.« Sie ist überzeugt, daß auch Rita dieser Meinung ist. Und weiß nicht, daß Rita da schon mit ihrem Leben abgeschlossen hat. In ihr Tagebuch hat sie geschrieben:

»Niemand kann verstehen, was für eine Leere der Tod von Borsellino in meinem Leben gelassen hat. Alle haben Angst. Aber das einzige, wovor ich Angst habe, ist, daß der Mafia-Staat immer siegen wird – und die paar armen Dummköpfe, die gegen Windmühlenflügel kämpfen, werden auch noch ermordet werden. (. . .)

Borsellino, du bist für das gestorben, woran du geglaubt hast. Aber ohne dich bin ich tot.«

20

Wenn ich tot bin

In den Tagen nach Borsellinos Tod erhält Rita vom Hochkommissariat die Nachricht, daß ihr Antrag auf eine eigene Wohnung angenommen wurde. Rita nimmt die Neuigkeit mit gemischten Gefühlen auf. Ja, gewiß, sie hatte sich diese Wohnung so sehr gewünscht, eine kleine Wohnung für sich und Gabriele, für die Zeit nach seinem Militärdienst. Aber jetzt kommt die ersehnte Unabhängigkeit ausgerechnet in einem Moment, in dem sich Rita so mutlos wie nie zuvor fühlt. Aber sie läßt sich nichts anmerken. Wenn Rita Atria sich einmal entschieden hat, dann macht sie den Entschluß nicht wieder rückgängig. Schließlich wollte ich ja selbständig sein, und wer hat schon so ein Glück, mit 17 eine eigene Wohnung zu haben?

Am Freitag, dem 24. Juli, steht der Umzug Ritas an. Rita und Piera sind es gewohnt, Kisten und Tüten zu packen: Kleider, Familienfotos, ein paar Zeitungen, ein bißchen Schminke, ihr geblümtes Tagebuch, ein Geschenk von Piera. Viel ist es nicht, was Rita in die neue Wohnung mitbringt. Piera ist besorgt. Willst du wirklich ausgerechnet jetzt allein wohnen? Mach' es doch wieder rückgängig. Du kannst doch wenigstens so lange bei Vita und mir wohnen, bis Gabriele wiederkommt. Aber Rita schüttelt den Kopf: Entschieden ist entschieden. Und vielleicht bringt mich die neue Wohnung auch auf andere Gedanken.

Am Nachmittag holt ein Beamter die beiden Schwägerinnen ab und bringt sie zu Ritas neuer Wohnung: Tusculano heißt das Stadtviertel, in dem sie von nun an leben soll. Ein Stadtviertel am Rand von Rom. Nicht schön, nicht häßlich – nichtssagend wie all die gesichtslosen Gegenden, in denen Rita und Piera in den letzten acht Monaten gelebt haben. Ein paar Geschäfte, Straßenzüge aus Beton. Nachbarn, die nur zum Schlafen nach Haus kommen und sich nicht dafür interessieren, wer nebenan wohnt. Via Amelia heißt die Straße. Ausgerechnet, denkt Piera, die Abergläubische. Via Amelia – Via d'Amelio. In der Via d'Amelio wurde vor fünf Tagen Borsellino ermordet: Wenn das kein schlechtes Omen ist.

Die Wohnung liegt im siebten Stock eines Hochhauses. Schlafzimmer, Wohnzimmer, eine kleine Küche und ein Badezimmer. Wie alle Wohnungen, die das Hochkommissariat für die Schutzbefohlenen mietet, ist auch diese Wohnung möbliert, an der Klingel steht ein falscher Name, das Telefon ist noch nicht angeschlossen. Vor Montag, sagt ihr der Beamte, wird es noch nicht soweit sein. Wie üblich, ermahnt er sie, die Nummer nicht allzuvielen Personen zu geben, man weiß ja nie . . . Rita nickt, sie kennt die Prozedur schon auswendig.

Es ist stickig in der Wohnung, und sie reißt die Fenster auf. Piera hat Coca-Cola und Martini mitgebracht, mit dem Ritas erste eigene Wohnung gefeiert werden soll. Rita will jetzt schon ihre erste Nacht hier verbringen, aber Piera besteht darauf, daß sie wieder mit zu ihr nach Hause kommt: Komm, wir machen es uns heute abend bei mir gemütlich, du hast noch viel Zeit, um hier aufzuräumen.

Um acht Uhr abends verlassen sie die neue Wohnung. Zu Hause angekommen, bringt Piera ihre kleine Tochter ins Bett. Es ist geplant, daß Rita und Piera am nächsten Morgen nach Sizilien fliegen, die Flugtickets sind schon vorbereitet. Ein Besuch bei Pieras Eltern soll Zerstreuung bringen. Aber Rita entscheidet plötzlich: »Ich bleibe hier.« Wie? sagt Piera, du kannst doch nicht allein in Rom bleiben, die neue Wohnung ist doch noch so leer, komm doch mit nach Sizilien. Aber Rita will auf keinen Fall. Tausend Gründe bringt sie vor: Nein, ich habe es mir anders überlegt. Ich richte in der Zwischenzeit ein bißchen ein. Laß mir deine Schlüssel da, dann räume ich auch bei dir etwas auf, und wenn du wiederkommst, ist alles in Ordnung. Piera murrt: Schließlich ist doch schon der Flug gebucht, morgen früh werden wir abgeholt, du kannst doch jetzt nicht plötzlich alles über den Haufen werfen ... Aber dann muß sie einsehen, daß es keinen Zweck hat, sie umzustimmen. Rita ruft beim Hochkommissariat an und sagt ihren Besuch in Sizilien ab.

In den Zimmern ist es heiß, die Wände haben die Julihitze gespeichert. Rita und Piera setzen sich auf den kleinen Balkon und reden. Aber in dieser Nacht läßt sich die Vergangenheit nicht verdrängen. Piera denkt an Nicola und erzählt Rita, daß sie fast jede Nacht davon träumt, wie er von den Killern zusammengeschossen wurde. Sie sind hellwach und denken an die Toten. Borsellino und all die anderen. Es ist die letzte Nacht, die Rita und Piera gemeinsam verbringen.

»Wenn ich tot bin, dann darfst du nicht weinen«, flüstert Rita. »Trink lieber auf mein Wohl, denn dann werde ich endlich meinen Vater und Nicola wiedersehen.« Piera knufft Rita schwesterlich in die Seite: *»Dai Rita«*, komm schon, Rita, sag' so etwas nicht. »Wenn du stirbst, was willst du dann?« fragt Rita. »Wie, was soll ich denn noch wollen, wenn ich tot bin?« antwortet Piera ungeduldig. Sie kennt diese Stimmungen, über den Tod hat Rita immer gesprochen, als sei er ihr ständiger Begleiter. Diese *discorsi strani*, die eigenartigen Reden, wie Piera sie nennt, hatte Rita oft gehalten. Als ihr Vater ermordet wurde, hatten Nicola und Rita beschlossen, daß sie nur in der Familiengruft der Atria begraben werden wollten. Damals war Rita elf Jahre alt.

Einmal hatte sie sogar zu Piera gesagt, daß sie auf keinen Fall eines natürlichen Todes sterben wollte. Rita glaubte, daß sie ihren Vater und Nicola nur wiedersehen würde, wenn sie eines gewaltsamen Todes sterben würde. »Die Seelen der Menschen, die eines unnatürlichen Todes sterben, kommen nicht in den Himmel. Und deshalb will ich auch nicht in den Himmel«, hatte sie gesagt. Und Piera hatte nur geantwortet: »Sei bloß still, ich will von solchen Dingen nichts wissen.« Sie fand solche Gedanken frevlerisch und schüttelte sich wie bei einer Gänsehaut. Seitdem sie in Rom zusammenlebten, hatte Piera pragmatisch entschieden: Wir leben im Hier und Jetzt und nicht im Jenseits. »Sei still.«

Auch in dieser Nacht hört Rita nicht auf, vom Tod zu sprechen. Piera hält Ritas Todessehnsüchte für die übliche Niedergeschlagenheit: Das geht wieder vorüber. Aber Rita läßt sich nicht beirren. Sie bohrt weiter: »Was willst du, wenn du tot bist?« Piera antwortet unwirsch: »Das ist mir doch piepegal. Wenn ich tot bin, bin ich tot, von mir aus kann man mich in einem Plastiksack begraben, das kümmert mich alles nicht.«

Rita überhört ihre Einwände. Leise sagt sie: »Wenn ich tot bin, soll mein Sarg aus hellem Holz sein. Man soll mir ein schwarzes Kostüm anziehen, mit einer weißen Bluse und einer roten Fliege. Und du sollst mir ein Herz aus roten Rosen mit einer weißen Lilie in der Mitte schenken.«

»Was zum Teufel erzählst du denn da?« sagt Piera. Ist es der übliche Weltschmerz? Oder meint sie es etwa ernst? Das kann doch wohl nicht sein. Sie versucht, Rita aus ihrer düsteren Stimmung zu reißen. Aufzuheitern. Sie spricht über Gabriele, der bald den Militärdienst beendet hat, über Ritas neue Wohnung und wie man sie einrichten kann: Denk an das Schöne, das dich erwartet, *Rituzza*, sei nicht so niedergeschlagen. Stunden reden sie noch. Es dämmert schon, als sie einschlafen. Aneinander gekuschelt, wie zwei Kinder.

Am nächsten Morgen steht schon früh der Wagen der Carabinieri vor der Tür, der Piera und Vita Maria zum Flughafen bringen soll. Rita begleitet sie. Sie bewegt sich wie mechanisch. Am Flughafen sagt Piera aufmunternd zu ihr: »*Dai, Rituzza*, komm schon, Kopf hoch« und »Grübel nicht soviel«. Es sind gutgemeinte Sätze. Sätze, die Rita schon lange nicht mehr erreichen.

Es soll ein erholsames Wochenende in Sizilien werden: Piera will sich mit ihren Eltern nicht in Montevago treffen, sondern in einem Hotel am Meer, wie sie es schon öfter im Sommer getan hatten, um der Hitze zu entfliehen. Als das Flugzeug über Palermo einschwebt, über der Conca d'Oro, der Goldenen Muschel, wie man die Bucht von Palermo nennt, drückt sich die kleine Vita Maria die Nase am Fenster platt. Piera freut sich. Auf ihre Eltern, auf Sizilien, auf den Geruch von Afrika, der von der roten Erde ausgeht. Heimatgeruch.

Die Beamten erwarten sie am Flughafen mit dem blauen Fiat. Solange sich Piera in Sizilien aufhält, werden sie nicht mehr von ihrer Seite weichen. Auch wenn sie ihren eigenen Wagen fährt, einen Alfa 33, den sie bei ihren Eltern gelassen hat. Das ist Pieras kleines Vergnügen. Die Carabinieri haben dann alle Mühe, mit ihrem Fiat Uno Pieras Tempo zu halten.

Ihre Mutter wartet schon ungeduldig im Hotel, der Vater soll später nachkommen. Küsse, Umarmungen, mütterliche Ermahnungen: Du rauchst zuviel, das kann doch nicht gut sein, hör' doch endlich auf damit. Die Mutter bewundert die Bettwäsche, die Piera in langen Abenden in Rom mit Stofffarben bemalt hat: *bello, splendido.* Sie reden über die Großmutter, die jetzt 93 geworden ist. Über Pieras Schwester, die mit ihrem Mann ein Fotostudio in Santa Margherita di Belice eröffnet hat. »Stell' dir vor, sie können sich vor Aufträgen gar nicht retten!« Sätze, die Normalität beschwören sollen.

Auch am Sonntagnachmittag sitzen Piera und ihre Mutter auf dem Sofa in der Hotelhalle und unterhalten sich. Draußen ist es zu heiß. Man kann es selbst im Schatten nicht aushalten. Sie sind so vertieft in ihr Gespräch, daß sie gar nicht bemerken, als vier Personen die Halle im Laufschritt durchqueren: Die beiden Ermittlungsrichterinnen Alessandra Camassa und Morena Plazi und zwei Carabinieri. Atemlos bleiben sie vor Piera stehen. Als Piera sie sieht, springt sie aus dem Sofa auf: »Was ist passiert?« Alessandra Camassa antwortet: »Piera, du mußt jetzt ganz stark sein.« Piera denkt an ihren Vater, er hätte schon längst da sein sollen, es wird doch nicht wahr sein: »Ist meinem Vater etwas passiert?« – »Rita«, sagt die Ermittlungsrichterin leise. »Rita hat sich umgebracht.«

Eine Woche nach dem Attentat auf Paolo Borsellino hat sich Rita aus dem Fenster des siebten Stocks gestürzt. Sie lag auf dem Bürgersteig. Als eine Nachbarin sie dort fand, atmete sie noch.

Erst wollte es keiner glauben. Die Ermittlungsrichter, die zuerst informiert wurden, die Beamten des Hochkommissariats, Staatsanwälte, Carabinieri – sie alle kannten doch Rita, die das Leben als *pentita* bewältigt zu haben schien. Ein Mädchen, so besonnen und vernünftig wie keine andere Siebzehnjährige. Die immer guter Laune war und gelacht hatte, wenn die Carabinieri sie *mafiosa in gonnella* nannten, Mafiosa im Röckchen. Ausgerechnet Rita?

Piera fliegt am nächsten Morgen nach Rom

zurück. Ihr Vater und Alessandra Camassa begleiten sie. »Ich kann es nicht glauben«, wiederholt Piera ständig. Rita hatte doch jetzt Gabriele, die neue Wohnung – ein neues Leben stand bevor. Natürlich waren beide oft niedergeschlagen gewesen, aber immer wieder hatten sie neuen Mut gefunden. Sie macht sich Vorwürfe: Warum habe ich ihre Andeutungen nicht ernst genommen, warum habe ich sie allein gelassen?

Jeder macht sich Vorwürfe. Auch Ermittlungsrichterin Alessandra Camassa. Hätte ich es verhindern können, wenn ich sie öfter angerufen hätte, nach dem Tod von Borsellino? Aber in den Tagen nach den beiden Attentaten waren alle Richter Siziliens so verstört, daß niemand an das Schicksal von Rita Atria dachte. Hatte sie nicht immer so reif gewirkt, so entschieden?

Piera will Ritas letzten Willen erfüllen. Mit ihrem Vater sucht sie ein schwarzes Kostüm, eine weiße Bluse und eine rote Fliege aus. Die Verkäuferin fragt sie erstaunt: »Wollen Sie die Sachen gar nicht anprobieren?«, und Piera schüttelt nur stumm den Kopf. Dann fahren sie zur Leichenhalle. Piera will Rita zum letztenmal sehen. Jemand schlägt das weiße Leintuch zurück, das ihren Körper bedeckt. Ihr Gesicht ist heil geblieben. Nur an der Schläfe hat sie einen blauen Fleck.

Als Piera zu Ritas Wohnung kommt, haben die Beamten schon die Untersuchung beendet. Man hat nach Fingerabdrücken gesucht, nach irgendwelchen Spuren – aber nichts gefunden. Die Kartons und Tüten mit Ritas Habseligkeiten stehen noch genauso da, wie an dem Abend, als Rita und Piera sie hochgetragen hatten. Niemand weiß, wie Rita die letzte Nacht vor ihrem Tod verbracht hat.

An der Wand steht groß,mit Bleistift geschrieben: »Ich liebe dich, verlaß mich nicht, aber ohne dich kann mein Herz nicht leben.«

21

Die unfreiwillige Heldin

Die Spurensuche in Ritas Wohnung, die gerichtsmedizinische Untersuchung – alle Ergebnisse schließen jede Fremdeinwirkung an Ritas Tod aus.

Piera ist die letzte, die Rita noch lebend gesehen hat. Sie gibt zu Protokoll: »Während unseres Aufenthalts unter dem Schutz des Hochkommissariats hat Rita nie in irgendeiner Weise angedeutet, daß sie sich das Leben nehmen wolle. Sicher, ab und zu machte sie einige bittere Bemerkungen über unsere Lebensumstände. Sie sagte: »Was für einen Sinn hat es überhaupt, so zu leben?« Aber meist handelte es sich um eine vorübergehende Niedergeschlagenheit. Die Situation verschlimmerte sich allerdings nach dem Tod von Paolo Borsellino. (. . .) In der Nacht von Freitag auf Samstag saßen wir im Dunkeln auf dem Balkon meiner Wohnung, und Rita sagte zu mir, daß ich nicht weinen solle, wenn sie tot sei, ich solle auf ihr Wohl trinken, denn dann sei sie endlich wieder bei ihrem Vater und ihrem Bruder. Ich glaubte, daß diese Sätze lediglich ihrer momentanen Niedergeschlagenheit entsprangen. Ich dachte keine Minute an Selbstmordabsichten, nicht mal jetzt kann ich die Tatsache glauben. Sicher, meine Schwägerin hatte ein sehr schwieriges Leben, (. . .) meine Schwiegermutter mißhandelte sie, sowohl physisch, als vor allem auch psychisch. Dennoch, und ich bin bereit, diese Aussage vor jedem Gericht zu wiederholen: Meine Schwägerin war bei klarem Verstand. (. . .) Der Tod von Rita ist die furchtbare Konsequenz eines schweren Lebens, nicht zuletzt auch die Folge des Todes eines Richters, bei dem wir uns aufgehoben fühlten.«

Aus Sicherheitsgründen nimmt Piera an der Beerdigung nicht teil. Sie hat jedoch den Grabstein ausgesucht, der Ritas Grab nur wenige Wochen schmückt – bis ihn Ritas Mutter zertrümmert. »Wenn ihr den Grabstein nicht vom Grab wegnehmt, dann schlage ich ihn in Stücke«, hat Giovanna Atria den beiden Friedhofswärtern gedroht. Dem ganzen Dorf erzählt sie, daß sie den Grabstein ihrer Tochter zertrümmern würde. Den Grabstein, den ihre verhaßte Schwiegertochter ausgesucht hatte, mit der Inschrift, die den Verrat ihrer Tochter in Marmor meißelte: *»La verità vive«* – die Wahrheit lebt. Keiner hat geglaubt, daß sie ihre Drohung wahrmachen würde. Bis sie eines Nachmittags auf dem Friedhof erscheint. Mit ihrer kleinen Handtasche, in der sie den Hammer verbirgt.

Auch die Ermittlungsrichter fehlen auf Ritas Beerdigung. Sie befürchten, daß man sich in Partanna von ihrer Anwesenheit provoziert fühlt. Der Pfarrer liest am Grab eine Botschaft der Richter von Marsala, Sciacca und Trapani vor: »Ritas tragischer Tod hat unsere Mutlosigkeit nach dem unersetzlichen Verlust von Paolo Borsellino noch verstärkt. (. . .) Wir wußten, daß Rita allergrößtes Vertrauen in die Justiz hatte, und wir hoffen, daß Ritas Leben denjenigen als Vorbild dient, die sich noch immer in Schweigen hüllen.«

Was bleibt, ist ein schlechtes Gewissen. Hätte man ihren Selbstmord verhindern können? fragen die Journalisten der Tageszeitung »Republicca« den Chef des römischen Hochkommissariats für den Kampf gegen die Mafia. Er antwortet: »Wir haben 950 000 Lire monatlich für ihre Wohnung gezahlt. Wir haben das Mögliche getan.« Im Parlament stellt ein Senator der PDS eine Anfrage: Hatte das Hochkommissariat nach dem Attentat in der Via d'Amelio noch Kontakt zu dem Mädchen, welche Maßnahmen sind ergriffen worden, um ihr wieder Mut zu machen? Nahmen nach dem Mord an Paolo Borsellino verdächtige Personen Kontakt zu ihr auf? Ein Abgeordneter der Lega Nord fragt nach Schutzmaßnahmen für minderjährige Zeugen und bemängelt, daß die staatlichen Organe bei Ritas Beerdigung nicht präsent waren. Die Antworten gehen im Tagesgeschäft unter.

»Ritas Herausforderung und unsere Gleichgültigkeit« titelt die »Unità«, Parteizeitung der Ex-Kommunisten, und schreibt: »Unser Land kann sich nicht den Luxus leisten, seine unfreiwilligen Helden zu vergessen.«

22

Partanna, ein Jahr danach

Es sind die Frauen aus Palermo, die an Ritas Todestag den Schweigemarsch von der Piazza Garibaldi zum Friedhof organisieren. Es ist einer der seltenen klaren Hochsommertage, mit türkisblauem Himmel, frischem Wind und einer Sonne, die Partanna wie ein Schlaglicht trifft.

Frauen aus ganz Sizilien sind nach Partanna gekommen, um an Rita Atria zu erinnern. Jede trägt eine rote Rose in der Hand. Die Hungerstreik-Frauen aus Palermo, die Ritas Sarg auf ihren Schultern getragen hatten, *le donne delle lenzuole*, die Frauen des »Bettlaken-Komitees«, die nach den Attentaten auf Falcone und Borsellino Laken mit *»Basta con la mafia«* aus ihren Fenstern hängten, Frauen der Anti-Mafia-Bürgerbewegung »La Rete«, Angehörige von Mafia-Opfern. Das andere Sizilien.

Pieras Mutter und Rita Borsellino, die Schwester des ermordeten Richters, führen den Marsch an. Mit etwas Abstand folgen ihnen zwei junge Frauen, die ein Bettlaken zwischen sich tragen: *Rita, sei sempre con noi* steht darauf, Rita, du bist unvergessen. Dahinter drei Frauen in Schwarz. Frauen, deren

Männer »zufällige« Mafiaopfer wurden. Reibungsverluste – weil sie einem Schußwechsel im Weg waren, weil sie zuviel gesehen hatten, weil sie hätten reden können. Eine der Witwen ist noch sehr jung, vielleicht 23 Jahre. Der Ausschnitt ihrer schwarzen Bluse wird von einer Brosche zusammengehalten. Darauf sieht man das Foto ihres Mannes. Außer diesen drei Witwen hatte niemand aus Partanna den Mut, sich dem Marsch anzuschließen.

Als sich der Zug den Corso Vittorio Emanuele hinunter zum Friedhof bewegt, haben sich die alten Männer bereits die besten Plätze auf dem schmalen Bürgersteig gesichert. Partanna beäugt dieses andere Sizilien wie eine Erscheinung, von der man nicht weiß, ob sie den Satan oder die Heilige Jungfrau Maria darstellt. Frauen schließen die Jalousien vor ihren Fenstern und holen die spielenden Kinder von der Straße. Tage zuvor hatte man versucht, Lehrerinnen aus Partanna zu überzeugen, mit ihren Schulklassen an dem Marsch teilzunehmen. Die Antworten waren ausweichend: Schließlich sei der Schweigemarsch für Sonntag vorgesehen, man sei mit den Familien am Meer . . . Andere unternahmen erst gar keinen Versuch, Ausreden zu finden: »Es ist besser, sich in diese Sache nicht einzumischen.«

Nach einem einstündigen Marsch durch Partanna kommen die Frauen am Friedhof an. An Ritas Grab legen sie einen Kranz aus weißen Rosen nieder. Dann verlassen sie Partanna. Man ist wieder unter sich.

»Zu glauben, daß die Welt nie anders sein kann, als sie gewesen ist – das hat Sizilien immer daran gehindert, Fortschritte zu machen«, hat der sizilianische Schriftsteller Leonardo Sciascia einmal gesagt. Ein zäher Film aus Defätismus und Gleichgültigkeit verklebt die Augen. Man entscheidet sich nicht zwischen Gut und Böse, man entscheidet sich gar nicht.

Am nächsten Tag zitiert das »Giornale di Sicilia« Pieras Vater mit den Worten: »Die Partannesen? Alles Gauner und Feiglinge.« Es ist das erste Mal, daß er seine Meinung öffentlich macht.

Die grünen Plakate sind schon etwas verwittert. Überall in der Stadt kleben sie an den Mauern. An der Straße, die zum Corso Vittorio Emanuele hochführt, an der Piazza Garibaldi. *Grazie, Rita*, steht darauf in großen Lettern. Darunter Borsellinos Zitat: »Die Untersuchung begann mit einer Frau und wurde von anderen Frauen fortgeführt.« Frauen aus Palermo haben die Plakate für Ritas ersten Todestag drucken lassen, um Partanna an Rita zu erinnern. Italiens unfreiwillige Heldin. In Sciacca hat die Stadtverwaltung nach ihrem Todestag eine Straße nach Rita Atria benannt. In Partanna wundert man sich über das Interesse, das die Fremden an dieser *ragazza* haben. Was hat das Mädchen denn schon gewußt?

Auf dem Friedhof sind schwarzgekleidete Frauen bemüht, die Gräber auf Hochglanz zu bringen. Sie sammeln trockene Blüten ein, die aus den Vasen gefallen sind, und waschen den gelben Sahara-Staub ab, der auf den Porzellanfotos der Toten klebt und die Marmorplatten erblinden läßt. In der kleinen Leichenhalle steht ein Nußbaumsarg. Draußen an der Wand lehnen drei glänzende Lorbeerkränze mit roten Papierschleifen.

Auf dem Grab von Rita Atria welken drei rote Nelken. Wer vor ihrem Grab verweilt, wird argwöhnisch von den Frauen beobachtet. Manche tuscheln. Eine winzige Frau mit einer Gießkanne in der Hand läuft mit kleinen, hastigen Schritten an Ritas Grab vorbei. Nein, nein, sie hat Rita Atria nicht gekannt. Es klingt, als wolle sie ihre Unschuld beteuern. Aber eines ist sicher: »Piera und Rita, das waren doch Kinder, die wußten doch gar nichts.« Flüsternd steigt sie die Treppe hinunter zu den anderen Gräbern: »So viele Tote, so viele Tote.« Unten bleibt sie abrupt stehen und sagt: »Hier ist das Grab der Ingoglias. Und da drüben liegen die Accardos.« Mit bekümmertem Gesicht fügt sie hinzu: »So viele anständige Familien Partannas sind da hineingezogen worden. Früher war hier immer alles ruhig gewesen. Wir haben die Mafia nie gespürt. Sie hätten das doch unter sich ausmachen können . . .« Eilig steigt sie wieder die Stufen herauf. Noch in der Ferne hört man sie *»un mistero, un mistero«* murmeln. Ein Rätsel.

Die Verteidiger der 35 angeklagten Mafiosi aus Partanna allerdings ahnen, was dieses Mädchen wußte. Als ein halbes Jahr nach Ritas Tod der Prozeß gegen Partannas Mafia stattfindet, versuchen sie noch vor Verhandlungsbeginn, Ritas Aussagen aus dem Prozeß auszuschließen. Der Staatsanwältin jedoch gelingt es, das Gericht davon zu überzeugen, die Glaubwürdigkeit und Kompetenz ihrer Aussagen zu erklären. Und sie erreicht, daß sie als zulässiges Beweismaterial in den Prozeß aufgenommen werden.

Zum *pentito* wird keiner der Mafiosi Partannas: Keiner will zum Verräter werden. Auch nicht Calògero Cascio, Ritas Jugendfreund. Immer wieder hatte Rita die Richter gedrängt, Calògero im Gefängnis zu besuchen, um ihm Strafminderung anzubieten, wenn er sich bereit erklärte, auszupacken. Aber Calògero lehnte ab: *piuttosto morire*, lieber sterben, als auszusagen.

Partannas Ex-Bürgermeister und Abgeordneter Vincenzo Culicchia steht immer noch wegen Mordverdacht und Verdacht auf Mafiazugehörigkeit unter Hausarrest. Sein Prozeß steht aus, die Gerichte sind überlastet. Von Favara, dem Killer von Nicola und Don Vito, gibt es immer noch keine Spur.

Vielleicht hat die Mafia schon das Todesurteil an ihm vollstreckt, ohne Spuren zu hinterlassen.

Ein Jahr nach Ritas Tod gründete ein Politikstudent Partannas erste und einzige Bürgerinitiative: Das *»Comitato Società Civile«* will das Stillschweigen nicht länger hinnehmen. Durch Diskussionsrunden, Autorenlesungen, Konzerte, durch Aufklärungsarbeit in den Schulen will man die mafiose Kultur bekämpfen.

Am Anfang kamen viele. Natürlich war man es satt: den Terror auf den Straßen in den Jahren der Faida, der Blutrache zwischen Partannas Mafiafamilien, die auch manchen Unschuldigen das Leben gekostet hatte, die Drogen, die immer noch im Umlauf waren, der Bürgermeister, der die Politik seines mafiosen Vorgängers zu rechtfertigen suchte. Aber als es sich darum handelte, Unterschriftslisten anzufertigen, Arbeitskollegen zu überzeugen, die Kultur des *favore* anzuprangern – Gefallen, mit denen auch mancher anständige Partannese sich mit der Mafia arrangiert hatte –, da ging es vielen zu schnell. Man dürfe die Dinge nicht überstürzen, hieß es. Und die vielen, die gekommen waren, blieben nach und nach weg.

Übrig blieb ein Häuflein von zehn Aufrechten: Francesco, Politikstudent, Michele, Wäschehändler und Altkommunist, Lella, Volksschullehrerin. Lehrer und Studenten, Grüne und Parteilose, Anhänger der »Rete« und der Christdemokraten. Partannas Hoffnungsträger.

Einmal in der Woche trifft man sich. Meist konspirativ in der Wohnung von Michele, dem kommunistischen Wäschehändler. In Partanna weckt Zivilcourage immer noch Mißtrauen. Auf der Piazza kann man nicht offen reden, denn da »ist es zu heiß«: Die alten Männer haben schon ihre Horchposten auf den Marmorbänken bezogen. Und in den Bars? Mafioso der *barista*, der den Espresso zubereitet, Mafioso der Herr, der gerade dann seinen Aperitif trinken will, wenn Francesco und Michele an der Theke stehen. Von Palermo, wo niemand mehr den Kopf hebt, wenn jemand das Wort »Mafia« laut ausspricht, und wo der Anti-Mafia-Kämpfer Leoluca Orlando im November 1993 mit Dreiviertel aller Stimmen zum Bürgermeister gewählt wurde, ist Partanna noch Jahrhunderte entfernt.

Natürlich hätte man auch aus Partanna weggehen können. Das Dorf seiner *omertà* überlassen. Aber alle zehn eint das Motto: »Abhauen wäre feige.« Sie sei froh, zu der Bürgerinitiative zu gehören, schon aus dem Grunde, damit man sich nicht so allein fühlt, sagt Lella, die Volksschullehrerin, damit man aussprechen kann, was man denkt. »Selbst die anständigen Leute hier sagen nichts, weil sie glauben, daß sie eines Tages die Mafia brauchen – *per sistemare i figli*, um die Kinder zu ›versorgen‹, ihnen Arbeit zu beschaffen. Eine Schuldirektorin hat sogar je nach Mafiazugehörigkeit darüber entschieden, ob ein Kind versetzt wurde.«

»Manchmal«, sagt Lella, »habe ich hier das Gefühl, mein Leben schon vor langer Zeit an den Nagel gehängt zu haben.« Oft verlasse sie der Mut, und sie befürchtet, daß doch wieder alles beim alten bleibt. Aber dann erstickt sie ihre Zweifel. Es muß sich etwas ändern.

Die sizilianische Abwehr des Neuen umschrieb der Schriftsteller Tomasi di Lampedusa: »Wenn alles so bleiben soll wie bisher, muß alles grundlegend verändert werden.« Er darf nicht recht behalten, meinte Lella.

23

Die Mafia, das sind die anderen

Das Haus der Atria sieht immer noch so aus wie an dem Morgen, im Jahr 1985, an dem Don Vito das Haus verließ, um zur Arbeit in den Olivenbergen zu gehen. Es sieht noch so aus wie an dem Tag, als Rita ihren Rucksack packte und nicht mehr zurückkehrte. Die Schondecke auf dem Besuchersofa, der gelbe Plastikstrippenstuhl hinter den schräggestellten Jalousien, auf dem Giovanna Atria immer sitzt. Als würden sie gleich zurückkehren. Rita würde auf dem runden Tisch im Wohnzimmer ihre Schulbücher ausbreiten und im Fernsehen irgendeine Musiksendung sehen, bis die Mutter den Ton leiser stellt. Don Vito käme von der Arbeit nach Hause und würde seine schmutzigen Stiefel ausziehen. In dem kleinen Badezimmer im Erdgeschoß würde er sich waschen, unter der Neonleuchte in der Küche schweigend sein Abendessen zu sich nehmen. Dann würde er etwas von Geschäften murmeln und das Haus verlassen. Und alle hätten gewußt, um welche Geschäfte es sich handelt.

Aber jetzt sind da die Fotos. Die Fotos von den Toten machen das Haus zum Mausoleum. Sie hängen an den Wänden, stehen in den Regalen. Don Vito ist in weißes Porzellan gerahmt. Dekoriert mit einer weißen Stoffblume an der Seite, hat sein Foto einen Ehrenplatz mitten auf dem Wohnzimmertisch. Von Rita steht ein Foto in der Glasvitrine des Nußbaumschranks, verkniffen lächelnd steht sie an der Seite ihrer Mutter. Nur von Nicola, ihrem ältesten Sohn, ist kein einziges Foto zu sehen. *»No, non c'è niente da fare«*, da ist nichts zu machen, sagt Giovanna Atria bei meinem Besuch, heftig ihr Taschentuch knetend. Ihre Ablehnung überdauert sogar den Tod.

Sie trägt Schwarz, wie immer. Ihr einziger Schmuck sind kleine Brillantohrringe, die ihr Feuer schon vor langer Zeit verloren haben. Don Vito hat sie ihr zur Hochzeit geschenkt. An ihrem linken Ringfinger trägt sie beide Eheringe nebeneinander. Ihre Haare sind noch ein bißchen grauer, die Augen etwas stumpfer geworden.

Bis vor kurzem lebte sie bei den Nonnen, die sich in Partanna um die Alten und Gebrechlichen kümmern. Schlecht gehe es ihr nach dem Tod von Rita, so schlecht, daß sie sich manchmal wünsche, daß der Signore auch sie zu sich in den Himmel riefe. Jetzt versucht sie wieder, sich selbst zu versorgen. Etwas putzen, einkaufen, Essen kochen, ein Kirchgang – so gehen Giovanna Atrias Tage dahin.

Sie spricht den rauhen Dialekt von Partanna. Hastig stößt sie Sätze hervor, sie klagt an, sie verdächtigt, sie rechtfertigt sich. »Ich habe das Foto auf Ritas Grab kaputtgemacht, weil die Mutter das Foto auszusuchen hat. Ich bin Ritas Mutter.« Sie ist ein waidwundes Tier, das seine Wunden leckt. Das nach jedem schnappt, der in seine Nähe kommt. »Die Mafia, das sind die anderen, die mir meine Tochter genommen haben.« Besinnungslos vor Schmerz, besinnungslos wie ihr ungelebtes Leben.

Sie holt die Dinge hervor, die ihr von Rita geblieben sind: Ihre Zeugnisse, »am besten war sie in Italienisch, am schlechtesten in Zeichnen und in Französisch«. Die beiden Westen für Ritas erstes Hotelpraktikum: »Ich habe sie extra von der Schneiderin auf Maß fertigen lassen.« Niemand soll behaupten können, sie sei keine gute Mutter gewesen. Hat sie ihre Tochter nicht gefördert? Hat sie sie nicht sogar die Hotelfachschule besuchen lassen, obwohl sie zuerst gar nicht damit einverstanden war? War das keine Mutterliebe?

Ritas Fotoalbum: ein grüner Einband, auf dem in roter Schrift »Meine Erinnerungen« steht. Rita im roten Kindergartenkittel, Rita als Erstkläßlerin, eine pausbäckige Rita im bodenlangen Kommunionskleid, Rita neben ihrer Schwester vor den antiken Säulen von Selinunt. Viele Seiten des Fotoalbums sind leer. »Die Fotos hat Rita heimlich mitgenommen, als sie mit diesem Carabiniere da war.

Tutti complici. Sie waren doch alle Komplizen. Camassa, diese Lügnerin, die Richter, alle.«

Wie einen Rosenkranz betet sie den Monolog ihrer Anklagen herunter, und Piera ist ihr Teufel. Piera, die mit der feinen Sprache, die nur an dicken Autos und Schmuck interessiert ist. *Questa troia* – diese Hure war es, die ihrer Tochter eingeredet hat, auszusagen: »Sie hat eine Gehirnwäsche mit ihr gemacht, ständig hat sie angerufen. Sicher hat man Piera Geld dafür bezahlt, Rita zu überreden. Rita wußte doch nichts, sie war doch noch ein Kind.« Ihr Wahn kennt keine Grenzen. Piera sei es auch gewesen, die ihre Tochter in den Tod gestoßen habe: »Wer kann mir beweisen, daß sie nicht in Rom war, als Rita starb? Sie war es, ich weiß es.« Die Sprünge in ihrem Weltbild hat sie schnell zugekleistert, mit Trugbildern und Wahnvorstellungen hält sie sich aufrecht.

Nicht der Mord an ihrem Mann, nicht das erbärmliche Ende ihres Sohnes, nicht der Freitod ihrer Tochter: Es gibt nichts auf der Welt, was Giovanna Atria dazu bringen könnte, ihr Schweigen zu brechen. Warum Don Vito erschossen wurde? »Ich weiß es nicht, es war ein Unglück.« Nicolas *vendetta*? »Ich wußte doch nichts davon.« Das *Non sappiamo niente* ist ihr Vaterunser, wir wissen nichts.

In einem Kalender sammelt sie die Zeitungsausschnitte »mit den ganzen Lügen über Rita«. Eines Tages, wenn sie ihr Testament mache, dann werde sie die Wahrheit schreiben, die ganze Wahrheit über Rita und Piera. Damit ihre Enkelin Vita Maria sie endlich erfahren werde. *»Pica, pica, pica«*, flüstert sie, ganz langsam werde sie sich rächen. Der Wunsch nach Rache hält sie am Leben.

Manchmal weint sie lautlos in ihr Taschentuch. Dann wieder versiegen die Tränen schnell, und es überwältigt sie der Haß auf eine Welt, in der nichts mehr ist, wie es war: »Warum glorifizieren sie meine Tochter heute? Ich werde es verhindern, daß man in Partanna eine Straße nach ihr nennt.« Sie will ihre tote Tochter mit niemandem teilen. Und sie werde auch alles dafür tun, Rita aus dem Grab der Atria herauszuholen und in das ihrer Familie umzubetten. Egal, was auch immer Rita in ihrem Testament geschrieben hat. »Ich bin ihre Mutter.«

Als Rita noch lebte, hat sie einmal einen Brief an Paolo Borsellino geschrieben. Als Beweis ihrer Mutterliebe.

Partanna, 15. Januar 1992.

Hochverehrter Herr Oberstaatsanwalt,
ich, die unterzeichnende Giovanna Atria, geboren in Partanna am 10. November 1939, wohnhaft in der Via Pergole 24, mache folgende Erklärung:

Am Abend des 20. November, gegen

22.30 Uhr, hörte ich es an der Tür klopfen, ich bin hingegangen und fragte: »Wer ist da?«, und jemand antwortete: »Ich bin Andrea, der, der bei Ihnen gearbeitet hat.« Ich antwortete: »Was willst du?«, und er sagte: »Ich bin gekommen, um Sie zu besuchen.« Dann habe ich ihm gesagt, daß ich schon im Bett bin, er sagte noch »Gute Nacht« und ist dann gegangen, ohne weiter darauf zu bestehen, hereinzukommen. Danach habe ich angefangen, zu zittern und zu weinen und habe meine Tochter in den Arm genommen.

Am nächsten Morgen sollte meine Tochter zur Schule gehen, sie macht das zweite Jahr an der Hotelfachschule, aber sie fühlte sich nicht gut, und ich sagte ihr, daß sie doch zu Hause bleiben solle. Aber sie wollte trotzdem unbedingt zur Schule gehen, und ich habe sie an diesem Morgen zum Bus begleitet, der um 7.10 Uhr abfährt. Um 13.30 Uhr höre ich das Telefon klingeln, ich laufe hin und höre, wie mir jemand sagt, daß meine Tochter in Gefahr sei. Ich antwortete, daß meine Tochter zu der Zeit im Bus sitzen müßte, um von Sciacca nach Partanna nach Hause zu fahren. Aber sie sagten mir, daß meine Tochter jetzt unter Polizeischutz stünde, und ich habe gedacht: Träume ich? Ich verstand überhaupt nicht, was man mir sagte und was mit mir und meiner Tochter Rita passiert war.

Wachtmeister Blunda hat mir seinen Namen und seine Telefonnummer gegeben, ich habe geweint und wußte gar nicht, was ich tun sollte. Meine Tochter sagte mir am Telefon: »Mama, ich habe mit Piera gesprochen, ich wollte zu ihr, aber bis jetzt wollten sie mich nicht gehen lassen.« Ich fing wieder an zu weinen, und bis abends um 23 Uhr habe ich nichts gegessen. Am Samstag klingelt wieder das Telefon und meine Tochter ist dran. Sie sagte mir, daß sie bei ihrer Schwägerin sei. »Ein feines Pärchen«, habe ich geantwortet, da wurde sie wütend und hat aufgelegt. Danach rief sie wieder an, aber vor lauter Kummer konnte ich mich nicht mehr auf den Beinen halten. Ich fiel in Ohnmacht und erinnerte mich an nichts mehr. Am Montag, den 25. November habe ich bei der Polizei nachgefragt, warum meine Tochter weg mußte, ob es ihrem Schutz dienen solle oder ob sich ein anderes Motiv dahinter verberge. Ich habe gesagt, daß Rita von meiner Schwiegertochter in diese Sache hineingezogen wurde, denn wenn die bei uns anrief, wollte sie immer mit Rita sprechen. Dann habe ich darum gebeten, meine Tochter sehen zu dürfen, und am Dienstag, dem 3. Dezember, durfte ich sie treffen. Von da an haben wir ab und zu miteinander telefoniert, zwei- oder dreimal, und jedesmal mußte ich mir Verleumdungen anhören. Ich bat sie immer darum, sie sehen zu dürfen, es ist Mutterliebe im wahrsten Sinne des Wortes, ich schwöre es vor Gott, denn nicht alle Mütter sind gleich. Schließlich heißt es ja auch im Sprichwort: »Wer vorgibt, dich mehr als deine eigene Mutter zu lieben, ist entweder verrückt oder will dich hinters Licht führen.«

Ich habe nicht aufgehört, beim Gericht wegen meiner Tochter anzurufen, dann kam Weihnachten, und am 31. Dezember brachte man mir schließlich meine Tochter: Nur eine Viertelstunde lang durfte ich sie sehen, und das, obwohl wir uns 28 Tage lang nicht mehr gesehen hatten. Am nächsten Tag habe ich zweimal bei der Staatsanwaltschaft angerufen, um zu wissen, wie es meiner Tochter geht, aber niemand konnte mir etwas sagen. Ich habe ständig angerufen, aber es war immer vergebens: Die Beamten seien nicht da, hieß es, und ich solle eine Nachricht hinterlassen.

Meine Tochter Rita ist minderjährig, sie ist erst 17 Jahre und vier Monate alt. Ich weiß nicht, was mit ihr passiert, und ich mache mir große Sorgen: Geht es ihr gut oder schlecht? (...) Seit 16 Tagen habe ich weder mit meiner Tochter telefoniert noch sie gesehen, ich habe mich an die Carabinieri gewandt und sie gebeten, sich darum zu kümmern. Aber niemand hat mir eine Nachricht gegeben. Ehrlich gesagt, ich bin ihnen völlig gleichgültig, ich bin ja nur eine alleinstehende Frau, ich habe keine Brüder, keine Schwestern, weder Vater noch Mutter – alle sind schon in der anderen Welt. Nur mein

Mann war mir geblieben, der jetzt auch nicht mehr ist, und meine geliebten Kinder.

Fünf Jahre lang habe ich nicht mit meinem Sohn gesprochen, der früher für mich mein ein und alles war. Auch wenn ich ihn angezeigt habe und er mich oft sogar geschlagen und bedroht hat – es war nicht sein Wille. Im April 1991 schließlich war ich gezwungen, mich wieder mit ihm zu vertragen. Ich habe meine Tochter Rita ohne Vater aufgezogen, ich habe ihr Mutterliebe und Vaterliebe gegeben, soviel wie ich konnte, und das, obwohl ich nicht mal genug zu essen hatte, um meine Kinder satt zu bekommen. Die Kinder gehören zum Leben jeder Mutter. Auch wenn wir Mütter nicht viel Zärtlichkeit geben können: In unseren Herzen ist viel Liebe, so unendlich viel, daß wir sie gar nicht ausdrücken können. Ich wende mich an Sie, hochverehrter Herr Oberstaatsanwalt, bitte tun Sie etwas, damit ich meine Tochter an einem Ort treffen kann, den die Behörden für geeignet halten, und daß man mir baldmöglichst mitteilt, wie es um die Gesundheit meiner Tochter steht, über die ich, die Unterzeichnende, die elterliche Gewalt habe.

Hochachtungsvoll,
Giovanna Atria, geborene Cannova

24

Die Frau ohne Angst

»Da, hier das ist mein Papa.« Vita Maria ist stolz, ihren Vater sofort zu erkennen. Als er starb, war sie drei Jahre alt. Woran sie sich erinnern wird, ist ein schöner, junger Mann mit korrektem Haarschnitt und einem tadellos sitzenden Anzug, der ihre Mutter zum Altar führt. Das Hochzeitsvideo ihrer Eltern ist ihr liebstes. Vita Maria ist jetzt fünf, ein braungebranntes, pausbäckiges Mädchen mit den gleichen dichten Augenbrauen wie ihr Vater. Wenn Piera mit der Tochter da ist, vergeht kein Tag, an dem die Familie nicht zu Besuch ist. Onkel, Cousinen, sogar die 93jährige Großmutter kommt nach Montevago, um Piera zu sehen. Aber nicht alle in der Familie sind so überzeugt von der Richtigkeit von Pieras Entscheidung wie die alte Signora: *»Ha fatto bene«*, sie hat es richtig gemacht, sagt sie. »Sie hat sich verteidigt, die Schuldigen müssen dafür bezahlen.« Manche reden nicht mehr mit der Familie, seitdem Piera angefangen hat auszusagen. Andere versuchen, sich herauszuhalten, sich nicht entscheiden zu müssen zwischen Gut und Böse. »Wir müssen leider in Partanna weiterleben«, sagt ihr Onkel.

Den Nachbarn in der Via Magellano entgeht nicht, wenn Piera bei ihren Eltern in Montevago zu Besuch ist. Schräg gegenüber, auf der anderen Straßenseite, steht dann immer das Auto der Carabinieri. Sie tragen schußsichere Westen und Maschinengewehre. Manchmal sehen die Nachbarn, wie Pieras Vater mit seiner Enkelin das Haus verläßt und mit ihr ans Meer fährt. Piera sehen sie nie. Wenn sie bei ihren Eltern zu Besuch ist, verläßt sie das Haus nur selten und unter Bewachung. Das normale Leben einer, die gegen die Mafia ausgesagt hat.

Von Partanna hat Piera in den letzten zwei Jahren nur Videos gesehen. Freunde haben sie ihr geschickt. Videos von Ritas Beerdigung, Videos von dem Schweigemarsch an ihrem ersten Todestag. Wie gerne hätte Piera teilgenomen, stolz wäre sie den Corso Vittorio Emanuele entlanggegangen, vorbei an den staunenden Gesichtern der Partannesen. Aber das Hochkommissariat hatte ihr abgeraten: ein zu hohes Sicherheitsrisiko. Wenn sie auf Ritas und Nicolas Grab heimlich ein paar Blumen legt, wird sie von Polizisten begleitet.

Nur manchmal leistet sie sich einen kleinen, trotzigen Akt der Rebellion. »Sollen wir einen Espresso drüben in der Bar trinken?« Pieras Mutter erbleicht: Was soll denn das, du weißt doch genau, wie gefährlich das ist, bleib zu Hause. Aber da hat sie schon die

Beamten per Funkgerät informiert, setzt sich die Spiegelbrille auf und marschiert mit hocherhobenem Kopf rüber zur »Bar Italia«, die Bar, die Piera und Nicola bis kurz vor seiner Ermordung betrieben.

Die Carabinieri haben sich schon vor dem Eingang in Position gestellt. Als Piera die Bar betritt und Espresso bestellt, wird sie von den anderen Gästen wie eine Fata Morgana angestarrt. Die Gespräche verstummen, niemand sagt mehr ein Wort. Piera war seit dem Tod von Nicola nicht mehr in dieser Bar. »Ich wollte die Bar nicht aufgeben. Ich habe gerne hier gearbeitet.« Ihr Blick tastet die Räume ab, sucht nach Erinnerungen, aber nichts ist mehr so wie früher. Dann trinkt sie schnell ihren Espresso aus, bedankt sich bei den Beamten und geht wieder nach Hause. Ihre Mutter schüttelt den Kopf: Wie kann man nur so leichtsinnig sein? *»La donna senza paura«*, sagt sie mit besorgter Ironie, die Frau ohne Angst. Und etwas Bewunderung klingt auch mit.

Bei der Begegnung mit mir erzählt Piera, wie es ihr heute geht und wie sie sich die Zukunft vorstellt:

»Nie wieder werde ich einen Mann so lieben, wie ich meinen Mann geliebt habe. Und wie ich ihn immer noch liebe. Ich weiß nicht, warum. Ich weiß nur, daß ich es ganz tief in mir fühle. Immer noch. Wenn ich von ihm spreche ... ich will nicht glauben, daß er tot ist. Und ich will auch nicht daran denken, daß Rita und Borsellino tot sind.

Vielleicht gefiel mir an Nicola seine Verrücktheit. Daß er das Risiko liebte. Heiraten werde ich nie mehr. Wahrscheinlich werde ich eines Tages mit einem Mann zusammenleben, aber heiraten: nein. Kein Mann kann meiner Tochter den Vater ersetzen. Ich könnte auch nie akzeptieren, daß meine Tochter einen anderen Mann ›Vater‹ nennt. Eines Tages werde ich meiner Tochter alles über ihren Vater erzählen. Daß er sie anbetete, aber auch, daß er völlig unverantwortlich gehandelt hat. Er hatte doch eine Frau und ein Kind. Vita Maria soll alles wissen, das Gute und das Schlechte. Sie soll dann selbst urteilen. Ich hoffe nur, daß sie meine Entscheidung nicht verurteilt. Ich habe in meinem Leben bislang alles verkraften können, aber das könnte ich nicht ertragen.

Ich habe Nicolas *vendetta* nicht unterstützt. Natürlich litt er unter dem Tod seines Vaters, aber andere Söhne leiden vielleicht unter dem Tod der Mutter, und trotzdem unternehmen sie keinen Versuch, sich zu rächen. Ich habe versucht, ihn zu ändern. Aber wenn ich ihm einen Rat gegeben habe, sagte er immer: ›*Sì, sì*‹, und am Ende machte er doch, was er wollte. Bei uns in Sizilien heißt es: *Prenditi consigli da chi vuoi, però alla fine fai come vuoi*: Hör dir von allen die Ratschläge an, aber mach' am Ende das, was du willst.

Ich konnte die *vendetta* nicht akzeptieren, denn ich bin religiös. Kein Mensch hat das Recht, einem anderen das Leben zu nehmen. Nie. Nur Gott darf uns verurteilen. Deshalb haben eigentlich auch die Richter kein Recht, jemanden zu verurteilen. Aber ich habe mich trotzdem an sie gewandt, um eine erste Gerechtigkeit zu erfahren und um eine Hoffnung zu haben.

Aber andererseits: Ich weiß nicht, ob ich nicht auch so gehandelt hätte, wenn mein Vater ermordet worden wäre. Im Jahr 1985, als Nicolas Vater ermordet wurde, da standen die Dinge in Sizilien noch ganz anders. Da gab es noch keine *pentiti*. Es gab niemanden, der mit der Justiz zusammenarbeitete. Es war eine andere Zeit. Wer weiß, vielleicht hätte ich das gleiche getan?

Nicola wußte, daß er sich den Verbrechern anschließen mußte, um herauszufinden, wer der Mörder seines Vaters war. Und als man merkte, daß er den Drogenhandel und all das andere nur machte, weil er wissen wollte, wie der Mörder heißt, da haben sie ihn umgebracht. Nicola war sehr vertrauensselig. Nur wenige Tage vor seinem Tod hatte er seine Freunde zum Essen eingeladen. Einer von ihnen hat ihn danach erschossen. Sein bester Freund.

Rita und Nicola, sie waren wie Don Giovanni *senza paura*, der furchtlose Don Giovanni: nach außen mit einer Rüstung gepanzert und im Innern weich wie Butter. Ich dagegen bin das Gegenteil: Ich wirke vielleicht zerbrechlich, aber ich bin stark. Ich habe in meinem Leben schon viele Schicksalsschläge erlebt. Und sie ziemlich gut verkraftet.

Die Verbindung zwischen Rita und ihrem Bruder war sehr intensiv. Sie waren wie zwei Verliebte. Ich war aber nie eifersüchtig auf Rita, im Gegenteil. Ich war stolz darauf. Denn ich hätte nie geglaubt, daß sich zwei Geschwister so lieben könnten. Mein Mann sorgte sich sehr um seine Schwester. Wehe, wenn ihr jemand zu nahe kam.

Rita war keine normale 17jährige. Sie verhielt sich wie eine reife Frau, wie eine 40jährige. Sicher lag es daran, daß sie nie ein Kind gewesen war. Man hatte sie immer wie eine Erwachsene behandelt und sie gezwungen, wie eine Erwachsene zu handeln und zu denken. Vielleicht ist sie deshalb so früh reif geworden. Die Familie der Atria war nicht normal. Im Haus sprach man nicht über normale Dinge, man sprach über Morde. Kinder kriegen so etwas mit. Und Rita war sehr neugierig, genau wie meine Tochter.

Ich habe mich mit Rita besser verstanden als mit meiner eigenen Schwester, obwohl wir so unterschiedlich waren. Sie stellte mich nie als ihre Schwägerin vor. Als ich sie mal fragte, warum sie das nicht tat, sagte sie: ›Weil wir vor allem Freundinnen sind.‹

Warum Rita sich umgebracht hat? Ich weiß es nicht. Sie war allein. Vielleicht war es das. Auch der Tod von Borsellino – die einen verkraften es, andere nicht.

Borsellino war unsere Welt. Vater, Bruder, Freund, Vertrauter – er war alles. Vor drei Monaten habe ich seine Frau getroffen. Durch Zufall in Rom am Pantheon. Ich sagte: ›Ich bin Piera Aiello.‹ Sie sagte: ›Das ist nicht möglich‹, und umarmte und küßte mich. Dann rief sie ihre Tochter: ›Lucia, Lucia, schau mal, wen wir hier haben!‹ Die Tochter lud mich sogar ein: ›Piera, du mußt uns in Rom besuchen, wir haben uns viel zu erzählen, denn wir haben den Vater mit dir gemein.‹ Daß beide so herzlich waren, hat mir gutgetan, denn ich hatte immer Angst, daß Borsellinos Frau sagen würde: ›Mein Mann ist wegen euch umgebracht worden.‹

Nach Ritas Tod bin ich in ein Kloster gegangen, weil ich es nicht mehr allein in meiner Wohnung ausgehalten habe. Dort habe ich Menschen, mit denen ich sprechen kann. Allein habe ich mich zu isoliert gefühlt. Im Kloster ist auch ein Kindergarten für Vita Maria. Um halb acht stehen wir auf, um acht wird gefrühstückt, danach bringe ich das Kind in den Kindergarten und kehre in mein Zimmer zurück. Manchmal male ich ein bißchen, ich bastle auch viel. Um zwölf sehe ich meine Tochter zum Mittagessen, um zwei geht sie zurück in den Kindergarten. Am

Nachmittag spielen wir etwas zusammen, und um halb acht geht sie ins Bett. Abends gucke ich dann etwas Fernsehen, oder ich lese.

Ich lerne auch viel. In der Zeit, als der Prozeß gegen die Mafia von Partanna lief, habe ich mich auf meine Prüfung als Kindergärtnerin vorbereitet. Sogar in den Verhandlungspausen habe ich gelernt. Ein Polizist hat mir Nachhilfestunden in Chemie gegeben. Ich habe die Prüfung als Kindergärtnerin gemacht, damit ich die Voraussetzungen für eine Ausbildung als Polizistin habe.

Ich habe mich ja schon mal für die Polizeilaufbahn beworben, zwei Wochen nach dem Tod meines Mannes habe ich erfahren, daß ich die schriftliche Prüfung sogar bestanden hatte. Aber sie wurde ungültig gemacht, weil ich als Mafioso-Witwe galt.

Jetzt gibt es wieder einen neuen Aufnahme-Wettbewerb, da werde ich mitmachen. Ich habe jetzt die Erlaubnis dafür bekommen.

Ich lebe nun seit elf Monaten im Kloster, aber jetzt will ich weg. Ich bin zwar gläubig – aber nicht so! Sogar ein Priester hat mir gesagt, daß das Leben im Kloster die schlimmste aller Strafen ist. Von morgens bis abends hörst du die Nonnen beim Gebet murmeln. Und um 20.30 Uhr werden die Tore geschlossen. Einmal hat mich einer der Beamten, die mich betreuen, zu einer Pizza eingeladen. Da mußte ich aber spätestens um halb elf wieder im Kloster sein.

Normalerweise ist es so, daß die Beamten mich anrufen, und mir sagen, daß die Wohnung gewechselt wird. Aber jetzt habe ich angerufen. Ich habe ihnen gesagt, daß mir das Klima in diesem Dorf nicht paßt. Ich will weg. Zurück in eine Großstadt.

Die Carabinieri sagen inzwischen, daß meine Umzüge am schlimmsten sind. Ich habe einfach zuviel Zeug. Zehn Koffer. Allein die ganzen Küchenutensilien. Dann habe ich noch ein Videogerät, einen Kassettenrecorder, ein riesiges Radio, einen Haufen Bücher. Und die ganzen Spielsachen von Vita Maria.

Ich habe inzwischen auch Freunde gefunden, aber sie wissen nicht, wer ich bin. Obwohl mein Mann von seinen besten Freunden verraten wurde, glaube ich immer noch an die Freundschaft. Ich kann ohne Freunde nicht leben. Nur eine Freundin weiß, wer ich wirklich bin. Eine Sizilianerin, die hier lebt. Ich kenne sie seit elf Monaten. Sie studiert Ingenieurwesen. Ihr habe ich meine Geschichte erzählt. Sie hat mir danach gesagt: ›Ich war schon vorher deine Freundin, aber jetzt bin ich es noch um so mehr.‹ Wenn sie hört, daß jemand etwas Schlechtes über mich sagt, verteidigt sie mich immer. Sie sagt aber niemandem, daß sie mich kennt.

Alles, was ich getan habe, tat ich für meine

Tochter und mich. Damit wir uns eines Tages nicht schämen müssen, Sizilianerinnen zu sein. Ich bin hier geboren. Ich kann auch niemandem die Schuld geben. Niemand hatte uns gezwungen, uns in diese Geschichten zu verstricken. Jeder von uns hat ein Hirn und kann darüber entscheiden, was er tut. Lieber würde ich sterben, als nicht die Wahrheit zu sagen. Für mich gibt es das nicht, daß ich zu etwas gezwungen werde. Selbst das Wort ›unmöglich‹ existiert für mich nicht.

Meine Meinung ist: Wenn jemand in der Scheiße geboren wurde und darin bleiben will, dann ist das seine Sache. Ich habe mich an meinen eigenen Haaren aus der Scheiße herausgezogen. Ich habe mich schön geduscht und mit duftender Seife gewaschen. Ich stinke nicht mehr. Wenn die anderen lieber weiterstinken wollen, dann sollen sie das tun. Bei uns heißt es: *Chi viene dopo, misura i fatti*, später wird man über die Tatsachen richten.

Einmal wollten wir ein Treffen mit den anderen Mafioso-Witwen organisieren. Es war die Idee eines Staatsanwalts, um diese Witwen zur Zusammenarbeit mit der Justiz zu ermuntern. Die Witwen wissen alles. Wenn du zum Beispiel wie meine Schwiegermutter 23 Jahre mit deinem Mann zusammenlebst, dann kannst du mir nicht weismachen, daß dir dein Mann in 23 Jahren nichts von dem erzählt hat, was er gemacht hat. Wo warst du denn in den ganzen 23 Jahren? Bist du etwa spazierengegangen? Und selbst wenn er dir nichts erzählt haben sollte: Manche Dinge versteht man von allein. Ich habe meinen Mann nie etwas gefragt, und ich wußte alles.

Aber nur die wenigsten Witwen sind bereit, auszusagen. Entweder haben sie mafiose Söhne, die jetzt im Gefängnis sitzen, oder sie haben Verwandte, die immer noch Mafiosi sind. Diese Witwen werden nie gegen die Mafia aussagen.

In Partanna hat es mehr als dreißig Tote gegeben, aber die Partannesen empören sich mehr über Ritas und meine Aussagen als darüber, daß Leute ermordet wurden. Ich verstehe, wenn jemand Angst hat. Mein Onkel zum Beispiel ergreift keinerlei Partei. Weder für uns noch gegen uns. Aber für den Pfarrer bestand keinerlei Notwendigkeit, Schlechtes über Rita und mich zu erzählen. Er sagte, daß Rita und ich dummes Zeug erzählen würden. Sogar im Fernsehen hat er es gesagt. Ich weiß nicht, warum er das getan hat. Aus Angst? Ich war das erste Kind, das er in Partanna getauft hat. Zur Kommunion bin ich bei ihm gegangen, zur Firmung, er hat meine Tochter getauft. Ich hatte Vertrauen in diesen Mann, und er hat mich so enttäuscht.

Eines Tages kehre ich zurück. Das ist mein geheimer Wunsch: nach Partanna zurückzukehren und einen Spaziergang zu machen.

Vom Castello bis zur Kirche Madonna delle Grazie. Den ganzen Corso Vittorio Emanuele entlang. Diesen Spaziergang muß ich machen. Auch wenn ich dabei umgebracht werde.«

Epilog

Am Dienstag, den 12. Oktober 1993 wird am Amtsgericht Partanna die Sache Giovanna Atria, geborene Cannova, verhandelt. Sie muß sich wegen Friedhofsschändung verantworten. Pünktlich um halb acht erscheint sie, wie immer in Schwarz, unter den Arm hat sie ihre kleine Handtasche gepreßt. Stumm verfolgt sie die Anklage. Sie rechtfertigt sich nicht, sie entschuldigt ihre Tat nicht, sie schweigt. Nicht mal acht Minuten dauert der Prozeß. Als die Amtsrichterin das Urteil verliest, senkt Giovanna Atria den Kopf: Zwei Monate und zwanzig Tage auf Bewährung. Sie sagt nichts. Dann steht sie auf und verläßt das Gericht. Schweigend, wie sie gekommen ist. Schweigend, wie sie ihr Leben verbracht hat.

Nachwort

Italien ist ein Land, in dem die Wahrheit die Fiktion übertrifft. Ein Land, in dem Politmorde nie aufgeklärt werden, wo der siebenfache Ministerpräsident Giulio Andreotti unter Mafiaverdacht steht und in dem mißliebige Ermittlungsrichter aus dem Weg gebombt werden. Ein Land, in dem sich eine 17jährige aus Verzweiflung über die Allmacht des Mafiastaates aus dem Fenster stürzt. *Altro che telenovella*, alles andere als eine Fernsehromanze sei ihr Leben gewesen, sagt Piera Aiello bitter über die Zeit mit Rita. Es war eine Tragödie.

Zum ersten Mal las ich in einer Zeitungsnotiz der »Republicca« von Ritas Schicksal. Ich begann mich für sie zu interessieren, weil ihre Geschichte keine ist, die in die üblichen Kategorien von Anti-Mafia-Kämpfern paßt. Wo es einfach ist, die Guten und die Bösen auszumachen.

Anhand von Prozeßakten, Ritas Zeugenaussagen, ihren Tagebuchaufzeichnungen und Interviews mit den Betroffenen habe ich ihr Leben rekonstruiert. Ritas Lebensgeschichte ist eine Geschichte von Opfern und Tätern. Genau wie Sizilien, wo es nicht nur

Hunderttausende gibt, die in Palermo gegen die Mafia auf die Straßen gehen, sondern ebensoviele, die immer noch schweigen und mit ihrem Schweigen die Mafia unterstützen. Rita ist an ihrem inneren Kampf zerbrochen, Piera hat ihn überlebt. Nicht zuletzt, weil sie nicht aus einer Mafiafamilie kommt.

Mit seiner Kulisse aus buckligen Alten, die auf den Bürgersteigen sitzen, entspricht Partannas Wirklichkeit so sehr dem Klischee von einem Mafia-Dorf, daß sich der Besucher wie in einem schlechten Film fühlt. Ich habe nur eine kleine Statistenrolle gespielt – genug, um zu wissen, wie sich die *omertà* anfühlt. Eine feine Ölschicht legt sich auf deine Haut und verklebt die Poren. Wenn du deine Gesprächspartner dabei beobachtest, wie sie sich argwöhnisch über die Schulter blicken, um zu sehen, wer am Nebentisch mithören könnte, oder sie gar wie Ritas Mutter ihr »Wir-wissen-nichts-Credo« beschwören, ertappst auch du dich irgendwann dabei, das Wort »Mafia«, wenn überhaupt, nur noch flüsternd zu benutzen.

Um so mehr sind die zu bewundern, die den Mut haben, aufzustehen und das Schweigen zu brechen. Frauen wie Rita und Piera.

Sicher hat Piera von nichts anderem als einem kleinen Lebensglück geträumt, mit Mann und Kind und einem bescheidenen Wohlstand. Statt dessen lebt sie in Verstecken, eine Gefangene der Wahrhaftigkeit.

Auch die Ermittlungsrichterin Alessandra Camassa ist eine junge Frau mit zwei kleinen Kindern. Sie ist mit einem Richter verheiratet. Die Familie wird rund um die Uhr von schwerbewaffneten Soldaten bewacht.

Der ermordete Richter Giovanni Falcone sagte einmal sarkastisch: »Auf dieser Insel, wo alles extrem ist, ist es normal, entweder zum Feigling zu werden oder zum Helden. Und jeder, der seine Pflicht tut, wird zum Helden.«

Danksagung

Ich möchte besonders Piera Aiello und ihren Eltern danken, die mir ihr Vertrauen geschenkt haben. Ferner bedanke ich mich bei der Ermittlungsrichterin Dr. Alessandra Camassa sowie der Staatsanwältin Dr. Lina Tosi, bei Margherita Cascioppo, Shobha und Johannes Thiele für ihre Unterstützung.